Agiles Zielmanagement und modernes Leadership mit Objectives & Key Results (OKR)

Das umfassende Kompendium

Patrick Lobacher, Christian Jacob, Julia Haag und Magnus Schubert

Agiles Zielmanagement und modernes Leadership mit Objectives & Key Results (OKR)

Das umfassende Kompendium

Patrick Lobacher, Christian Jacob, Julia Haag und Magnus Schubert

ISBN 978-1974411559

Dies ist ein Leanpub-Buch. Leanpub bietet Autoren und Verlagen, mit Hilfe von Lean-Publishing, neue Möglichkeiten des Publizierens. Lean Publishing bedeutet die wiederholte Veröffentlichung neuer Beta-Versionen eines eBooks unter der Zuhilfenahme schlanker Werkzeuge. Das Feedback der Erstleser hilft dem Autor bei der Finalisierung und der anschließenden Vermarktung des Buches. Lean Publishing unterstützt den Autor darin ein Buch zu schreiben, das auch gelesen wird.

© 2017 Patrick Lobacher, Christian Jacob, Julia Haag und Magnus Schubert

Inhaltsverzeichnis

1. Vorwort 1
2. Agile 3
   - 2.1 Geschichtliche Herkunft des Begriffs "Agile" 4
     - 2.1.1 Taylor, Taylor, Taylor 4
   - 2.2 Das Manifest der agilen Organisationsentwicklung 10
     - 2.2.1 Individuen und Interaktionen mehr als Prozesse und Werkzeuge 11
     - 2.2.2 Konkrete Ergebnisse mehr als umfangreiche Analysen 13
     - 2.2.3 Zusammenarbeit mit dem Kunden mehr als Regeln und Verhandlungen 14
     - 2.2.4 Reagieren auf Veränderung mehr als das Befolgen eines Plans 15
   - 2.3 OKR als werte- und prinzipienbasiertes Framework 17
   - 2.4 Die 18 Prinzipien der agilen Organisationsentwicklung 19
   - 2.5 Die agilen Werte 22
   - 2.6 Agile "Anwendungen" 23
     - 2.6.1 Design Thinking 23
     - 2.6.2 Kanban 24
     - 2.6.3 Objectives & Key Results (OKR) 24
     - 2.6.4 Holokratie 24

INHALTSVERZEICHNIS

    2.6.5 Lean Startup 24
    2.6.6 Scrum 25
    2.6.7 Management 3.0 25

3. Unternehmensleitbild **27**
  3.1 Warum benötigt es ein Leitbild? 28
  3.2 Anlässe für ein Leitbild 31
      3.2.1 Interne Anlässe 31
      3.2.2 Externe Anlässe 33
  3.3 Wie passen OKR und Leitbild zusammen? . . . 35
  3.4 Der Leitbild Prozess 39
      3.4.1 Richtungen der Leitbildentwicklung . 39
      3.4.2 Moderation 40
      3.4.3 Phasen der Leitbildentwicklung 41
  3.5 Mission Statement Canvas 47
      3.5.1 Werte 48
      3.5.2 Unternehmenszweck 53
      3.5.3 Vision 54
      3.5.4 Mission 56

4. OKR für Einsteiger **59**
  4.1 Gründe, warum klassische Zielmanagement-
      systeme heutzutage scheitern 60
      4.1.1 Schwierigkeiten auf der System- bzw.
             Prozessebene 60
      4.1.2 Mangelnde Qualität der Ziele 62
      4.1.3 Subjektive Beurteilungsfehler 63
      4.1.4 Akzeptanzprobleme auf zwischenmensch-
             licher und emotionaler Ebene 64
  4.2 Der Ursprung von "Objectives und Key Re-
      sults" 68
  4.3 OKR im Überblick 70
  4.4 Werte und Prinzipien des OKR Frameworks . 73
      4.4.1 Werte, die OKR lebt und fordert . . . 73

- 4.4.2 Prinzipien als Basis für das OKR Framework 76
- 4.5 Vorteile und Nutzen des OKR Frameworks für Unternehmen 78
  - 4.5.1 Unternehmensinterne Vorteile einer OKR-Einführung und -Nutzung 78
  - 4.5.2 Externe Faktoren und Vorteile von OKR 80

5. OKR Framework **83**
- 5.1 Die Elemente des OKR Frameworks 84
  - 5.1.1 Das Leitbild 85
  - 5.1.2 Moals 85
  - 5.1.3 Objectives und Key Results 87
  - 5.1.4 Die Events des OKR Frameworks ... 106
  - 5.1.5 Die OKR Liste 111
  - 5.1.6 Der OKR Master 112
- 5.2 Die verschiedenen Ebenen im OKR Framework 114
  - 5.2.1 Unternehmens OKR 114
  - 5.2.2 Team OKR 115
  - 5.2.3 Das Zusammenspiel der Ebenen / Alignment 116
- 5.3 Die Einführung des OKR Frameworks 120
  - 5.3.1 Grund definieren 120
  - 5.3.2 Rollen definieren 122
  - 5.3.3 Rahmenparameter festlegen 122
  - 5.3.4 Kommunikation beginnen 122
  - 5.3.5 Trainings durchführen 123
  - 5.3.6 OKR erstellen 124
  - 5.3.7 Review durchführen 124
  - 5.3.8 Retrospektive durchführen 124
  - 5.3.9 Häufige Fehler 125

6. Der OKR Master **129**
- 6.1 Der OKR Master als Coach 137
  - 6.1.1 Die Tätigkeiten des OKR Master 137

INHALTSVERZEICHNIS

    6.1.2 Was muss ein OKR Master für die Rolle als Coach mitbringen? 143
    6.1.3 Was ist für die tägliche Arbeit mit Menschen wichtig? 149
  6.2 Der OKR Master in seiner Rolle als Experte (Vorbild) 152
    6.2.1 Meet ups 156
    6.2.2 Podcasts 156
    6.2.3 Blog Artikel 157
    6.2.4 Konferenzen 157
    6.2.5 Fachliteratur 158
  6.3 Der OKR Master als Prozesswächter 159
  6.4 Der OKR Master als Change Agent 162
  6.5 Der OKR Master als Facilitator 168
  6.6 Ein OKR Master oder mehrere OKR Master im Unternehmen? 170

7. **Kontext & Kultur** **171**
  7.1 Warum OKR? 172
  7.2 Kontext von OKR 175
  7.3 Kultur 177

8. **OKR Architekturen** **181**
  8.1 OKR Pilotprojekt 182
  8.2 OKR rein auf Führungsebene 184
  8.3 OKR für den Führungskreis und Abteilungen 186
  8.4 OKR im gesamten Unternehmen mit Abteilungsstruktur 187
  8.5 OKR nur für einzelne Teams 189
  8.6 OKR in einer Matrixorganisation 191

9. **Quellen** **193**

10. **Autoren** **197**
  10.1 Patrick Lobacher 198

10.2 Christian Jacob 199
10.3 Julia Haag 200
10.4 Magnus Schubert 201
10.5 Ramona Fellermeier 202

11. +Pluswerk Consulting GmbH **203**

1. Vorwort

Willkommen zum weltweit ersten Kompendium für Objectives & Key Results (OKR), welches erstmals alle relevanten Informationen aus 34 Jahren empirischen OKR-Wissens und über 5 Jahren tiefgreifender Erfahrung bei der Begleitung von Unternehmen durch uns zusammenfasst.

OKR (Objectives & Key Results) ist ein Rahmenwerk (Framework) für agiles Zielmanagement und "Digital Leadership". Zentraler Bestandteil des Rahmenwerks sind dabei die konkreten, operativen Themen, die ein Mitarbeiter oder ein Team bearbeiten kann, um einem Unternehmen wirklich zu helfen, seine strategischen Ziele zu erreichen.

OKR ist dabei ein Zusammenspiel aus Events, Rollen und Artefakten, welches empirisch aus langjähriger Erfahrung entwickelt worden ist, um genau diese Verbindung zwischen strategischem Leitbild und den operativen Themen in einem Unternehmen herzustellen. Wichtig ist, OKR auch als Rahmenwerk zu verstehen und nicht als Sammlung einzelner Elemente. OKR funktioniert genau wegen dem Zusammenspiel dieser Elemente und kann auch nur dann wirklich erfolgreich sein, wenn es als Gesamtrahmen verstanden und angewendet wird.

Um genau diese Spielregeln ausführlich zu visualisieren haben Patrick Lobacher, Christian Jacob, Julia Haag und Magnus Schubert dieses Kompendium aus ihrer langjährigen praktischen Erfahrung bei über 60 Einführungen, Begleitungen, Coachings und Beratungen erstellt, die sie in den letzten 5 Jahren für Startups, KMU und Konzerne durchgeführt haben.

Wir wünschen nun viel Freude auf der Reise durch die spannende Welt von OKR!

München, August 2017

Patrick Lobacher, Christian Jacob, Julia Haag, Magnus Schubert

2. Agile

„Auf Veränderungen reagieren zu müssen ist in der heutigen Zeit das einzig Planbare" (Christian Jacob)

OKR ist ein sogenanntes "agiles" Framework, daher ist es unabdingbar die Begriffe "agile" bzw. "Agilität" näher zu beleuchten.

Denn gerade im deutschen Sprachraum wird mit dem Begriff häufig lediglich ein schnelles Vorgehen assoziiert - dies liegt mitunter daran, dass das englische Wort "Agile" deutlich vielschichtiger als das deutsche Wort "agil" ist.

2.1 Geschichtliche Herkunft des Begriffs "Agile"

Im Februar 2001 trafen sich 17 hochrangige Softwareentwickler in Utah (USA) um dort das sogenannte "Manifesto for Agile Software Development" (Agiles Manifest) zu entwickeln.

http://agilemanifesto.org

Ziel des Manifests war und ist es, den Entwicklungsprozess von Software flexibler und schlanker zu machen, als das bei den klassischen Vorgehensmodellen der Fall ist. Die agile Softwareentwicklung ist damit eine Gegenbewegung zu den oft als schwergewichtig und bürokratisch angesehenen traditionellen Softwareentwicklungsprozessen wie dem Rational Unified Process oder dem V-Modell.

Der Begriff "Agile" wurde ebenfalls auf dem Treffen anstelle des bis dahin oft verwendeten Begriffs "lightweight" (leichtgewichtig) eingeführt.

2.1.1 Taylor, Taylor, Taylor

Um Agilität in seinem Wesen zu verstehen, müssen wir zunächst mindestens zwei Schritte zurück in die Vergangenheit gehen. Und zwar zurück in eine Zeit, in der viele Methoden entstanden sind, die zum Teil noch heute gelten. Wir befinden uns nun am Anfang des 20. Jahrhunderts - eine Zeit, in der ein Mann die Industrie wie kein anderer geprägt hat: Frederick Winslow Taylor[1].

Zu seiner Zeit ein absoluter Revolutionär der Mitarbeiterführung mit einer von seinem Wesen her zunächst ganz einfachen Idee: Wenn man die Produktion einfach komplett

---

[1] Taylor, Frederick W.: The Principles of Scientific Management, 2014

in ihre Einzelteile zerlegt und jeden einzelnen Schritt in seiner Ausführung perfektioniert und später wieder alles zusammenführt, steigt die Effizienz in geradezu himmlische Sphären. Geboren waren Fließbandarbeit und Massenproduktion.

Dieser Ansatz stellte damals die ganze Welt auf den Kopf. Schließlich war das Manufaktur-Zeitalter gerade erst vorbei, in dem Individualität, Handwerk und lokale Märkte dominierten. Taylor nutzte den technischen Fortschritt und kombinierte dies mit einem komplett neuen Führungsverständnis: das Trennen von "Denken" (Führungskräfte) und "Handeln" (Mitarbeiter).

Führungskräfte oder Manager bekamen die Aufgabe des Denkens. Ganz vereinfacht dargestellt schmiedeten sie Pläne darüber, wie ein Produkt zusammengesetzt wird und gaben danach den "Mitarbeitern" jeweils die Aufgabe ein einzelnes Stück immer und immer wieder zu bauen. Bei einer späteren Zusammensetzung aller Teile entsteht der fertige Teddybär, Schrank oder Stuhl.

Wie einfach war die Welt doch! Jeder Arbeiter fokussierte sich darauf, einen ganz spezifischen Schritt immer und immer wieder machen und am Ende des Tages gab es 100 Teddybären. Und was war die Aufgabe der Manager? Sie konnten sich den ganzen Tag Gedanken machen, wie man die einzelnen Prozesse noch effizienter gestalten könnte. Mitarbeiterführung bestand eigentlich nur darin, den Mitarbeitern Geld zu geben, damit sie acht Stunden am Tag am Fließband saßen und eine Tätigkeit ständig wiederholten. Ein "denkender Mitarbeiter" hätte hier das ganze System gestört und war damit komplett unerwünscht.

Die revolutionäre Quintessenz des Taylorismus bestand darin, fast die komplette Organisation vom Denken zu befreien. "Fast" ist hierbei ein wichtiger Begriff - denn irgendjemand musste ja Denken - und genau für diese Aufgabe entwickelte sich ein eigenes Management. Das durfte den "einfachen" Mitarbeitern sagen, was diese zu tun haben. Viel kommunizieren mussten die Manager dabei aber nicht, denn es wurde ja sowieso immer das gleiche gemacht, und Tag für Tag die gleichen Produkte produziert.

Dieser Ansatz war nicht nur komplett neu, er funktionierte! Fabriken und Fließbandfertigung ermöglichten Massenproduktion und damit nicht nur viele, sondern auch günstigere Produkte. Nach und nach wurde fast jeder Prozess auf Effizienz getrimmt. Die Idee, Produkte als eine Art Summe von Einzelteilen zu betrachten, war die Geburtsstunde von Hierarchiebäumen, Abteilungsdenken, Arbeitszeitmodellen und vielen weiteren Ansätzen.

Warum funktionierte Taylor's Ansatz in der damaligen Zeit? Die Antwort ist einfach: weil Produkte gleich waren. Die Effizienz der Massenproduktion ist deshalb so attraktiv, weil sie sich nicht ändert. Man spricht in diesem Zusammenhang auch häufig von komplizierten Zusammenhängen, die durch den Taylorismus effizient und kontrollierbar wurden. Die Produktion war weitgehend frei von Überraschungen. Machte jeder Arbeiter seine Aufgabe richtig, so erhielt man am Ende immer wieder das gleiche Produkt.

Komplizierte Situationen benötigen zwar viel Wissen (deswegen waren ja die "denkenden Manager" da!), waren aber danach in der Ausführung vergleichsweise vorhersehbar. Dieses Zeitalter der Standardisierung prägte die globale Wirtschaft über einen Zeitraum von fast 70 Jahren.

Doch plötzlich entstand eine neue Entwicklung: Die Welt begann sich zu vernetzen!

Tayloristische Modelle galten bis in die 70er Jahre hinein als unangefochten. Als sich jedoch der Prozess der Standardisierung einer zunehmenden Vernetzung und Globalisierung der Organisationen sowie ihrer Arbeitsweisen gegenübergestellt sah, geriet dessen einstige Vormachtstellung in Gefahr. Aber warum war die beginnende Vernetzung einer der Hauptgründe für das Ende der Standardisierung?

Die Antwort liegt in den Möglichkeiten, die im Prozess der Vernetzung allgemein verfügbar waren. Kunden konnten nun Anbieter vergleichen, Märkte öffneten sich. Dort, wo noch vor wenigen Jahren monopolistische Strukturen herrschten, kamen plötzlich Mitbewerber, Kunden konnten in Interaktion mit Anbietern treten und stellten immer individueller werdende Anforderungen an Produkte. Durch die sich öffnenden Märkte konnte der Kunde davon ausgehen, dass seine Anforderungen auch gehört und von einem der nun vielen Anbieter umgesetzt werden.

Das Internet stellte die ohnehin schon vernetzte Welt auf den Kopf und damit auch den Kunden auf einen Schlag komplett in den Fokus!

Mit Ausbreitung des Internets wurde der Kunde somit auf ganz organische Art und Weise zum "wichtigsten Mann im Unternehmen" befördert. Er hat nun die Möglichkeit, innerhalb von Sekunden Anbieter zu vergleichen, mit Anbietern in Kontakt zu treten, Feedback über Produkte zu erhalten sowie zu geben und sich insbesondere auch mit anderen Kunden auszutauschen. Für Anbieter bedeutet dies, die eigenen Produkte stetig zu verbessern und auf Kundenfeedback einzugehen, denn: Reagiere ich selbst nicht auf das Feedback des Marktes, macht es ein Wettbewerber. Der Kunde wird zum Chef - und zwar mit einem Vertrag auf Lebenszeit.

Wir sprechen bei dieser Entwicklung grundsätzlich von Digitaler Transformation. Die Digitalisierung ist aus Taylors Sicht Schuld daran, dass sich die Rahmenbedingungen völlig verändert haben. Eine Frage bleibt in diesem Kontext offen: Warum können wir nicht einfach mit den Ansätzen von Taylor weitermachen? Immerhin haben wir 100 Jahre damit verbracht, Prozesse zu standardisieren, effizient zu gestalten, Abteilungen zu gründen und und und... Warum das alles von heute auf morgen über den Haufen werfen?

Eine Antwort findet sich in einem Thema, das zuvor so gut wie keine Rolle gespielt hat: Der Überraschung!

Denken wir noch einmal zurück an das Zeitalter des Taylorismus. Der Taylorismus war perfekt für komplizierte Situationen. Komplizierte Situationen benötigten zwar viel Wissen (durch Manager = Die "Denkenden"), waren aber grundsätzlich komplett planbar und damit auch komplett vorhersehbar. Kunden hatten keinen direkten Einfluss auf das Produkt, weil es in Zeiten von Massenproduktion keinen Platz für Individualität gab. Monopolistische Marktsituationen und wenig Transparenz für den Kunden gaben auch kaum Möglichkeiten dazu. Komplizierte, planbare und komplett vorhersehbare Situationen bildeten dementsprechend die Basis für Standardisierung, Massenproduktion und alle Entwicklungen, die daraus entstanden sind (Abteilungs- oder Silodenken, Hierarchiebäume, etc.).

Nun kommt die Überraschung und Unsicherheit mit ins Spiel...

Mit Entstehung des Internets formte sich eine Welt, in der es kaum Monopolsituationen gibt. Der Kunde fordert Individualität und bekommt sie auch. Unternehmen sind somit in der Pflicht, schon während der Entstehungsphase auf sich stetig ändernde Rahmenbedingungen einzugehen. Oftmals ist anfangs noch gar nicht bekannt, was der Kunde will und dies muss erst während des Prozesses herausgefunden werden. Aus standardisierten Prozessen wird plötzlich ein dynamischer Entstehungsprozess, der geprägt ist vom Austausch zwischen Unternehmen und Kunden. Aus komplizierten Situationen werden komplexe Herausforderungen.

Komplexität bedeutet in diesem Zusammenhang, dass man im Vorfeld nicht mehr planen kann, da sich Überraschungen und Unsicherheiten (wie zum Beispiel das Kundenfeedback) nicht mehr planen lassen. Bei komplexen Situationen sind zwei ganz andere Eigenschaften wesentlich wertvoller als Wissen und Planung, nämlich Erfahrung und das daraus resultierende Können (Mastery)! Als Unternehmer brauche ich diese Fähigkeiten, um mich ständig neuen Rahmenbedingungen anzupassen und meine Strategie zu adjustieren. Ob Unternehmen es wollen oder nicht - alle Prozesse, Artefakte und Überbleibsel aus dem Taylorismus sind dafür gänzlich ungeeignet.

Der Beginn des digitalen Zeitalters war die Geburtsstunde der Agilität!

"Agile" in seinem Grundwesen ist entstanden, um den neuen Anforderungen des digitalen Zeitalters gerecht zu werden. Seine Wurzeln hat es dabei in der Softwarebranche, wo 2001 das agile Manifest entstanden ist. Warum gerade die Softwarebranche? Wie bei so vielen Veränderungsthemen spielt hier der Leidensdruck eine große Rolle. Softwareentwicklung ist eine Thematik, die sehr früh komplexe Situationen zu meistern hatte. Die Softwareentwicklung ist das Paradebeispiel für ein Produkt, welches sich anfangs kaum vollständig planen lässt und damit zeigt, wie wichtig Kundenfeedback sowie eine kundenzentrierte Herangehensweise bei der Entwicklung eines werthaltigen Produktes ist.

Basierend auf diesen neuen Rahmenbedingungen entstand das "Agile Manifest". Da mittlerweile jede Branche von den Auswirkungen des digitalen Zeitalters betroffen ist, haben wir das agile Manifest an die Bedürfnisse des gesamten Unternehmens angepasst.

2.2 Das Manifest der agilen Organisationsentwicklung

Das "Manifest der agilen Organisationsentwicklung" dient dazu, unsere Sichtweise in Hinblick auf den agilen Paradigmenwechsel darzulegen.

Durch unsere Tätigkeit und die daraus gewonnenen Erfahrungen haben wir folgende Werte zu schätzen gelernt:

Agile Mindset

Haltung

- Individuen und Interaktionen **mehr als** Prozesse und Werkzeuge
- Konkrete Ergebnisse **mehr als** umfangreiche Analysen
- Zusammenarbeit **mehr als** Vertragsverhandlung
- Reagieren auf Veränderung **mehr als** das Befolgen eines Plans

Das Manifest der agilen Organisationsentwicklung

Obwohl wir die Werte auf der rechten Seite wichtig finden, schätzen wir die Werte auf der linken Seite höher ein.

Dies ist die wohl wichtigste Erkenntnis, gleichzeitig aber auch das wohl größte Missverständnis des agilen Manifest. Wir wollen nicht vermitteln, dass die Werte auf der rechten Seite plötzlich nicht mehr wichtig sind - dass wir also plötzlich keine Prozesse, Regeln, Analysen oder Pläne mehr brauchen. Wir wollen mit dem agilen Manifest ausdrücken, dass es in der heutigen Zeit mit den heutigen komplexen Marktverhältnissen wesentlich mehr auf die Werte der linken Seite ankommt - wir also im Zweifel immer die linke Seite bevorzugen.

Betrachten wir zum genauen Verständnis die vier Sätze im Einzelnen:

2.2.1 Individuen und Interaktionen mehr als Prozesse und Werkzeuge

Einer der Hauptkritikpunkte an klassischen Modellen ist, dass der Mensch zu wenig im Fokus steht. Die intensivste Form dieser Ausprägung bestand sicherlich zu Zeiten des Taylorismus in der Trennung von Denken und Handeln. Hier wurde der Mensch völlig den Prozessen und Werkzeugen der Massenproduktion untergeordnet. Hervorgerufen durch den Wunsch nach immer besserer Effizienz hat sich dieser Fokus bis heute im Hinblick auf Prozesse, Werkzeuge sowie in vielen Führungsmodellen gehalten.

Denken wir beispielsweise an das populäre Management-by-Objectives (MbO) mit seinem klassischen Jahreszielgespräch, tauchen sofort Bilder zahlloser Zielkaskaden und Zahlenkonstrukten auf. Besonders in größeren Unternehmen wird im Prinzip jedem Mitarbeiter von Anfang an genau vorgeschrieben, welche Ziele er bekommt. Individualität und Selbstbeteiligung ist damit fast unmöglich, da es das ganze System und damit den gesamten Prozess durcheinander bringt. Bei den meisten MbO muss sich in der Praxis stets der Mitarbeiter dem Prozess anpassen.

Akzeptanz-Probleme

Unidirektional	Hierarchisch	Keine flächendeckende Zielstruktur möglich
Wasserfall-Ansatz	Keine Feedback-Schleifen	Vernachlässigung der personalen Komponente
Keine Transparenz	Hoher Kontrollaufwand	Vernachlässigung von persönlichen Barrieren
Top-Down	Hoher Zeitaufwand	Orientierung an Quantität
Starr	Single Point of Failure	Zu langer Zeitraum
Zielerreichung als Selbstzweck	"Big Picture" fehlt	Machtlosigkeit bei übergeordneten Zielen
(Gefühlte) Förderung von Konkurrenzdenken	Redundanzgefahr	...

Die typischen Probleme des Management-by-Objectives (MbO)

Dass dies eigentlich genau andersherum laufen sollte, haben uns die Charakteristika des modernen Zeitalters gezeigt. Dynamische Märkte, ständiges Kundenfeedback und wechselnde Rahmenbedingungen sind nicht mit festen Prozessen zu begegnen. Heute ist der Mitarbeiter meist genau die Person, die am nächsten zum Kunden steht. Sein Input, seine Kenntnisse über den Kunden und seine Erfahrungen helfen dem Unternehmen, auf dynamische Märkte zu reagieren und in immer kompetitiveren Märkten zu bestehen.

"Individuen und Interaktionen" bedeutet dementsprechend, mehr als nur den Mensch in den Mittelpunkt zu stellen. Es stellt eine zwingende Basis dar, das eigene Unternehmen schneller, reaktionsfähiger und kundenorientierter aufzustellen.

2.2.2 Konkrete Ergebnisse mehr als umfangreiche Analysen

Prozessorientierte Unternehmen lieben ein Werkzeug ganz besonders: Analysen. Vor der Entwicklung eines Produktes oder einer Dienstleistung wird wochenlang akribisch analysiert.

Erfolgswahrscheinlichkeiten, Marktanalysen, etc. - bevor nicht jede erdenklich mögliche Analyse durchgeführt wurde, ist an eine Produktion gar nicht zu denken! Es soll ja das perfekte Produkt entstehen. Noch vor 100 Jahren hätte dieses Prinzip wunderbar funktioniert.

Problematisch an der heutigen Zeit ist, dass sich komplexe Sachverhalte nicht analysieren lassen! Wenn Kundenverhalten also nicht vorhersehbar ist, was ist dann der Ausweg aus diesem Dilemma? Die Lösung heißt kurze Iterationen. Die besten und validesten Aussagen vom Kunden bekommt ein Unternehmen dann, wenn es früh konkrete Ergebnisse auf den Markt bringt und dazu Kundenfeedback einholt.

Bezogen auf das agile Manifest bedeutet das, statt wochenlanger Voranalysen und dem scheinbar perfekten Plan mit einem MVP ("Minimum Viable Product" - ein Produkt mit den minimalen Anforderungen und Eigenschaften) zu starten und dafür dem Kunden möglichst früh greifbare Ergebnisse zu zeigen. Auf Basis dieser Ergebnisse fließt wertvolles Feedback in die weitere Produktion ein.

"Konkrete Ergebnisse mehr als umfangreiche Analysen" bedeutet, sofort zu starten und früh "echtes Feedback" vom Markt zu erhalten.

2.2.3 Zusammenarbeit mit dem Kunden mehr als Regeln und Verhandlungen

Neben Prozessen und Werkzeugen gibt es noch ein weiteres Werkzeug, das klassische Unternehmen ganz besonders lieben: Regeln! Regeln sind wunderschön, denn sie vereinfachen das Leben. Läuft irgendetwas schief, wird einfach eine neue Regel konzipiert und das Problem wird nie wieder vorkommen. Am besten noch in eine handliche Checkliste verpackt und wochenlang mit den verschiedenen Stakeholdern verhandelt. Eigentlich die ideale Herangehensweise an komplexe Herausforderungen, oder?

Und doch hat ein aufgeblähtes Regelwerk gleich zwei negative Effekte. Zum Einen sind Regeln in komplexen Zeiten vergleichbar mit Vorhersagen: Sie sind im Grunde genommen verschwendete Zeit! Regeln eignen sich wunderbar für Situationen, die häufig wiederkehren oder Situationen, in denen Abläufe immer gleich sind oder auch zwingend gleich sein müssen, wie zum Beispiel ein Fluchtplan im Falle eines Brandes. Sprechen wir jedoch über Märkte und Interaktionen mit dem Kunden, ist so viel Überraschung und Individualität mit im Spiel, dass allgemein gültige Regeln eher hemmen, als dass sie Sachverhalte vereinfachen. Regeln sind also perfekt für komplizierte Situationen. In komplexen Situationen führen sie lediglich zu einem Versuch, zu standardisieren was nicht zu standardisieren ist.

Zum Anderen ist auch das Verhandeln eine versteckte Unart des modernen Wirtschaftslebens. Könnte man den Wert der Zeit, die Unternehmen, Mitarbeiter und Kunden damit verbringen zu verhandeln, in Geld ausdrücken, würde wohl selbst Bill Gates neidisch werden. Das wirklich Fatale daran ist, dass in dieser Zeit keine wesentliche Wertschöpfung entsteht. Verhandeln ist nicht mehr und nicht weniger als Stillstand.

"Zusammenarbeit mit dem Kunden mehr als Regeln und Verhandlungen" schafft deutlich mehr Wertschöpfung (für Unternehmen und Kunden!) in deutlich weniger Zeit. Dass dies keine bloße Empfehlung sondern eine zwingende Notwendigkeit ist, merken Unternehmen spätestens dann, wenn die Konkurrenz diesen Grundsatz als Erstes beherzigt.

2.2.4 Reagieren auf Veränderung mehr als das Befolgen eines Plans

Der letzte Satz des Manifests der agilen Organisationsentwicklung fasst den Kern der Agilität perfekt zusammen. Reagieren auf Veränderungen klingt so einfach, und ist doch in seinem Wesen die wohl größte Herausforderung, denen Unternehmen heutzutage gegenüberstehen. Das immer größer werdende Maß an Veränderung setzt eine dynamische Reaktion praktisch zwingend voraus.

Leider sind wir Menschen und damit auch Unternehmen stets bestrebt nach Sicherheit. Und was gibt uns Sicherheit? Es sind vor allem eine langfristige Planung, die in detailreichen Plänen mündet, und Regeln, die unvorhersehbare Ereignisse scheinbar unter Kontrolle halten (dies aber nicht wirklich können). Beide Aspekte machen eine der größten Herausforderungen an uns Menschen in Zeiten der Agilität deutlich: Wir müssen lernen, uns auf Unsicherheit einzulassen und damit zu leben. Der künstliche Versuch mit klassischen Methoden Sicherheit zu schaffen endet schlussendlich nur in einer "Scheinsicherheit", die viel Zeit und Ressourcen verschwendet ohne dabei echte Wertschöpfung zu schaffen.

"Reagieren auf Veränderung mehr als das Befolgen eines Plans" bedeutet hier also, sich auf eine Entwicklung einzulassen, die wir nicht mehr ändern können: Das Leben mit der Unsicherheit. Wer dies jedoch schafft und darauf vorbereitet ist, seine Handlungsweisen stets neuen Gegebenheiten anzupassen, kann im heutigen Zeitalter nachhaltig erfolgreich sein, seine Kunden glücklich machen und sogar für seine Mitarbeiter ein Umfeld der Sinnhaftigkeit schaffen.

2.3 OKR als werte- und prinzipienbasiertes Framework

Wir haben viel darüber gesprochen, warum Regeln, lange Pläne und Analysen Artefakte klassischer Methoden sind und warum diese im heutigen Zeitalter nicht mehr funktionieren. Alternativ dazu haben sich zwei Elemente der Agilität besonders stark etabliert: Werte und Prinzipien!

> Werte und Prinzipien sind die agilen Pläne und Analysen

In Zeiten hoher Dynamik ist die Verwendung von Frameworks, die adaptiv und selbstregulierend sind, essentiell. Prinzipien und Werte erfüllen diese beiden Anforderungen auf ideale Art und Weise, während Regeln und Pläne lediglich Lösungen für einen ganz bestimmten Sachverhalt abbilden.

Bei einem kürzlichen Besuch in einen Telefonshop, um mein neues Smartphone zu reklamieren (ein Knopf war defekt), fragte mich der Händler nach dem Originalbeleg. Da es sich um ein Firmenhandy handelte, war der Beleg jedoch an einem anderen Standort bei der Buchhaltung und aus diesem Grund nicht sofort verfügbar. Wohl aber ein Scan des Beleges, verschiedene Vertragsdokumente, mein Ausweis und zahlreiche weitere Unterlagen, die belegten, dass der Garantieanspruch zweifelsohne bestand. Trotz allem musste ich den Shop samt defektes Smartphone verlassen. Die Antwort des Händlers: "Es tut mir leid, aber so ist die Regel".

Den Händler trifft dabei die geringste Schuld, denn er bewegt sich in einem von ihm nicht direkt beeinflussbaren, starren Regelwerk. Das Beispiel zeigt, was häufig bei einem

Versuch passiert, komplexe Märkte mit klassischen Regeln zu organisieren. Wäre es nicht viel leichter gewesen, wenn der Händler als "Führungsinstrument" Werte wie "Kundenorientierung" oder Prinzipien wie "Handle im Sinne Deines Shops" gehabt hätte? Beides hätte die Situation deutlich eleganter gelöst. "Handle im Sinne Deines Shops" hätte bedeutet, dass der Verkäufer sich vergewissert, ob ein Garantieanspruch besteht (dies war dank Kopien und anderen Vertragsdaten sofort ersichtlich). Im Sinne der "Kundenorientierung" hätte er das Smartphone entgegennehmen und sofort zur Reparatur schicken können.

Werte und Prinzipien geben Unternehmen somit viel mehr Flexibilität und damit auch Kundenorientierung. Eine einfache Regel (Garantie nur bei Originalbeleg) limitiert hingegen den Handlungsspielraum und bewirkt, dass der Kunde den nächsten Vertrag ganz sicher nicht bei diesem Anbieter abschließt.

Agile Frameworks handeln genau nach der Maxime von Werten und Prinzipien. Im Folgendem betrachten wir daher die wesentlichen Werte und Prinzipien, die Agilität auszeichnen.

2.4 Die 18 Prinzipien der agilen Organisationsentwicklung

Die folgenden Prinzipien bilden das Fundament der agilen Organisationsentwicklung:

Prinzipien

Agile Mindset

Arbeit sichtbar machen	Business Value	Qualität
Kleine Schritte	Adaption	(Schnelles) Scheitern
Inkrementell	Frühe Lieferung	Persönliche Kommunikation
Iterativ	Bevollmächtigte Teams	Konkrete Ergebnisse
Selbstorganisierende Teams	Intrinsische Motivation	Veränderung
Stetige Verbesserung	Der Mensch im Mittelpunkt	Akzeptierte Verantwortung

Prinzipien des agilen Manifests

- Unsere höchste Priorität ist es, die Organisation und ihre Mitglieder durch frühe und kontinuierliche wertvolle Lösungen und Maßnahmen zufrieden zu stellen.
- Arbeit wird sichtbar gemacht. Jeder weißt zu jedem Zeitpunkt, woran gerade gearbeitet wird und was das Ziel dessen ist.
- Heiße Veränderungen zu jedem Zeitpunkt willkommen. Agile Prozesse nutzen Veränderungen zum Vorteil der Organisation und zum Wettbewerbsvorteil des Kunden.

- Liefere funktionierende Lösungen und Maßnahmen regelmäßig innerhalb weniger Wochen oder Monate und bevorzuge dabei die kürzere Zeitspanne.
- Versuche, so früh wie möglich zu liefern, um schnelles Feedback zu bekommen.
- Durch regelmäßiges Kundenfeedback wird das Produkt Schritt für Schritt adaptiert.
- Schnelles Scheitern geht einher mit schnellem Lernen und wird bevorzugt - lieber früher als später erfahren, wenn ein Produkt nicht verkauft werden kann oder nicht gewünscht ist.
- Alle Personen, die für ein Projekt (Produkt/Prozess) benötigt werden, müssen täglich zusammenarbeiten. Die effizienteste und effektivste Methode, Informationen an und innerhalb eines Teams zu übermitteln, ist im Gespräch von Angesicht zu Angesicht.
- Errichte Projekte rund um motivierte Individuen. Gib ihnen das Umfeld und die Unterstützung, die sie benötigen und vertraue darauf, dass sie die Aufgabe erledigen.
- Konkrete Ergebnisse sind das wichtigste Fortschrittsmaß.
- Agile Prozesse fördern nachhaltige Entwicklung. Alle an dem Prozess beteiligte Personen sollten ein gleichmäßiges Tempo auf unbegrenzte Zeit halten können. Es wird iterativ vorgegangen.
- Ständiges Augenmerk auf technische Exzellenz und gutes Design fördert Agilität.
- Einfachheit - die Kunst, die Menge nicht getaner Arbeit zu maximieren - ist essenziell. Dadurch wird ein Produkt inkrementell verbessert, aber stets am Kunden orientiert.
- Die besten Ergebnisse, Architekturen, Anforderungen und Entwürfe entstehen durch selbstorganisierte Teams.

- Selbstorganisierte Teams, die Tolles leisten sollen, müssen entsprechend bevollmächtigt werden.
- Teams, die selbstorganisiert ihre Arbeit definieren und durchführen, akzeptieren hierfür ihre Verantwortung.
- In regelmäßigen Abständen reflektiert das Team, wie es effektiver werden kann und passt sein Verhalten entsprechend an.
- Der Mensch steht stets im Mittelpunkt.

2.5 Die agilen Werte

Die agilen Werte bilden das "Wertegerüst" allen Denkens und Handelns in der agilen Welt. Alle Systeme, Frameworks, Methoden und Tools folgen diesem Wertegerüst.

Agile Mindset

Werte

Selbstverpflichtung (Commitment)	Offenheit (Openness)
Einfachheit (Simplicity)	Respekt (Respect)
Feedback	Vertrauen (Trust)
Fokus (Focus)	Lernen (Learn)
Mut (Courage)	Autonomie (Autonomy)

[1]

Werte des agilen Manifests

2.6 Agile "Anwendungen"

Die folgende (unvollständige) Liste gibt einen Überblick über agile Anwendungen - also Systeme, Frameworks, Methoden und Tools, die dem agilen Manifest der Organisationsentwicklung, den Prinzipien und dem Wertegerüst folgen.

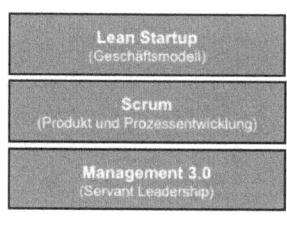

Eine Auswahl von "agilen" Anwendungen

2.6.1 Design Thinking

Design Thinking ist ein Ansatz, der zum Lösen von Problemen und zur Entwicklung neuer Ideen führt. Ziel ist es, Lösungen zu finden, die aus Anwendersicht (Nutzersicht) überzeugend sind. Im Gegensatz zu anderen Innovationsmethoden kann bzw. wird Design Thinking teilweise nicht als Methode oder Prozess, sondern als Ansatz beschrieben, der auf den drei gleichwertigen Grundprinzipien Team, Raum und Prozess besteht.

2.6.2 Kanban

Kanban ist ein Vorgehensmodell, bei dem die Anzahl paralleler Arbeiten, der Work in Progress (WiP), begrenzt und somit kürzere Durchlaufzeiten erreicht und Probleme – insbesondere Engpässe – schnell sichtbar gemacht werden.

2.6.3 Objectives & Key Results (OKR)

OKR ist ein agiles Framework, welches dafür sorgt, dass Mitarbeiter einem strukturierteren Zielvereinbarungsprozess folgen können. Dabei werden die Aufgaben der Mitarbeiter spezifiziert, die unternehmensinterne Kommunikation durch Transparenz und Sichtbarkeit verbessert und die Ziele und Ergebniskennzahlen durch die ganze Organisation – stets am Leitbild orientiert - verknüpft.

2.6.4 Holokratie

Holokratie ist ein Netzwerk-Organisationskonzept, welches auf dynamische Art und Weise für Transparenz, optimale Marktorientierung und partizipative Beteiligungsmöglichkeiten sorgt. Charakteristisch sind eine Kreisstruktur, sowie verschiedene Rollen und Prozesse.

2.6.5 Lean Startup

Ebenso wie Scrum basiert der Projekterfolg mit Lean Startup auf iterativen Methoden, frühzeitigen Ergebnissen und ständigem Feedback. Ursprünglich für junge Startup-Unternehmen in extrem unsicheren Marktumfeldern entwickelt, zielt der

Ansatz auf zügige Businessentwicklung mit wenig Kapital und reduzierten Prozessen ab.

Lean Prinzipien:

- Definiere den Wert aus Sicht des Kunden.
- Verstehe den Wertstrom und eliminiere Verschwendungen.
- Organisiere den verbleibenden Wertstrom hin zu einem synchronisierten Fluss. Lass den Kunden abrufen, was er braucht und liefere es ihm genau zum richtigen Zeitpunkt (ziehendes System).
- Strebe nach Perfektion ("Kaizen").

2.6.6 Scrum

Scrum ist die Bezeichnung für ein Vorgehensmodell des agilen Projekt- und Produktmanagements. Es ist eine Umsetzung von Lean Development für das Projektmanagement. Mithilfe von Scrum können Produkte inkrementell und in kurzen Interaktionen entwickelt werden. Ziel ist, schnell Feedback des Kunden einzuholen, um das Produkt mit hoher Geschwindigkeit und gemäß der Kundenwünsche entwickeln zu können.

2.6.7 Management 3.0

Mit Management 3.0 werden die konventionelle Paradigmen der Unternehmensführung aufgebrochen und innovative Ansätze für agiles Leadership aufgezeigt.

8 Blickwinkel von Management 3.0

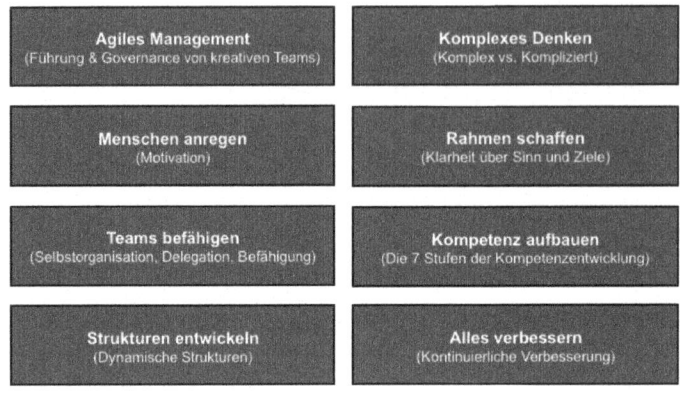

Management 3.0

3. Unternehmensleitbild

„Ohne Unternehmensleitbild hat die Existenz eines Unternehmens keinen Sinn. Weder für die Kunden, noch für die Mitarbeiter." (Julia Haag)

Damit OKR erfolgreich sein kann, wird ein Leitbild benötigt, welches Vision, Mission, Zweck und Werte der Unternehmung repräsentiert. Nur so kann gewährleistet werden, dass die in den OKR formulierten Ziele mit den unternehmerischen Zielen korrespondieren. Hat man kein oder ein falsches bzw. zu schwaches Leitbild, so ist die Gefahr groß, gegensätzliche Ziele zu definieren. Zudem leidet auch die Motivation der Mitarbeiter darunter, denn das Leitbild besitzt auch eine Führungsfunktion. Daher wollen wir uns in diesem Kapitel alle Komponenten eines Leitbilds genau ansehen und Methoden vorstellen, um diese zu ermitteln.

> **Vorstellung der Pluswerk AG:** Die Pluswerk AG ist eine inhabergeführte Digitalagentur. Sie bündelt als Zusammenschluss mehrerer Agenturen das Know-how aus 16 Jahren Internetdienstleistung und führt komplementäre Fähigkeiten optimal für Kundenprojekte zusammen. Mit 10 Standorten in verschiedenen Ländern hat sie eine große Reichweite. Die +Pluswerk Consulting GmbH wurde Anfang 2017 aus der Pluswerk AG ausgegründet, es besteht jedoch immer noch eine starke Verbindung zueinander. In den nachfolgenden Kapiteln wird die Pluswerk AG zu beispielhaften Zwecken mehrmals aufgegriffen.

3.1 Warum benötigt es ein Leitbild?

Zunächst stellt sich aber die Frage: Warum brauchen wir überhaupt ein Leitbild?

- Ein Leitbild beschreibt die angestrebte Identität eines Unternehmens und ist damit der Ausgangspunkt und die Zieldefinition für alle anstehenden Veränderungen.
- Das Leitbild dient der Vereinheitlichung des Handelns und Wirkens im Unternehmen.
- Zudem ist das Leitbild die Basis der Unternehmenskultur, die möglichst explizit (also gerichtet und gesteuert) und nicht implizit entstehen soll.
- Das Leitbild soll zudem die formulierten Visionen zur Realität werden lassen.
- Und schließlich beantwortet das Leitbild auch zentrale Meta-Fragen, wie
    - "Was wollen wir erreichen?"
    - "Wo sollen wir hin?" oder
    - "Was ist unsere Aufgabe?"

Ein Leitbild hat zudem viele Funktionen:

Warum benötigt es ein Leitbild

- **Orientierungsfunktion – Was sind wir?**

  Hierzu zählen auch Normen, Werte, Regelungen und Paradigmen die im Unternehmen vorherrschen bzw. von den Mitarbeitern explizit wie implizit gelebt werden.

- **Integrationsfunktion – Wer sind wir?**

  Hierunter fällt auch die Corporate Identity, das Corporate Design sowie der Kommunikationsstil. Auch das "Wir-Gefühl" spielt in dieser Funktion eine entscheidende Rolle.

- **Entscheidungsfunktion – Wie entscheiden wir?**

  Wie läuft der Entscheidungsfindungsprozess grundsätzlich im Unternehmen? Wie ist die Fehlerkultur? Hier werden zudem auch die Regeln für das Krisenmanagement aufgestellt und der Entscheidungsspielraum festgelegt.

- **Koordinationsfunktion – Wie kommunizieren wir?**

  Diese Funktion beinhaltet den Führungsstil, die Koordination der Kommunikation über Mitarbeiter und Führungskräfte, sowie die Öffentlichkeitsarbeit.

- **Kompassfunktion – Wo stehen wir?**

  Hiermit kann eine Standortbestimmung erfolgen und allfällige Kurskorrekturen vorgenommen werden.

- **Kommunikationsfunktion - Was wird wie kommuniziert?**

  Diese Funktion widmet sich ganz der Kommunikation an sich und deren Inhalte.

- **Legitimationsfunktion – Dürfen wir das?**

  Das Leitbild kann zur Rechtfertigung bestimmter Entscheidungen herangezogen werden.

- **Motivationsfunktion – Warum tun wir das?**

  Mitarbeiter sollen einen Sinn in ihrer täglichen Arbeit sehen. Über das Leitbild kann dies erreicht werden – es wirkt unterstützend und fördert den Aufbau der intrinsischen Motivation.

3.2 Anlässe für ein Leitbild

Anlässe für ein Leitbild gibt es zahlreiche und diese lassen sich in "externe Anlässe" und "interne Anlässe" untergliedern – je nachdem in welche Richtung ein Leitbild gerichtet sein soll. Oftmals kommen mehrere Anlässe zusammen und vermischen sich auch insofern, dass interne und externe Anlässe gleichermaßen wichtig werden.

3.2.1 Interne Anlässe

Interne Anlässe sind Momente, in denen Unternehmen das Leitbild benötigen, um nach innen zu wirken. Sei es als Motivationsträger oder Führungsinstrument – das Unternehmen benötigt ein Selbstverständnis. Anlässe dafür gibt es zahlreiche:

Gründung eines Unternehmens

Sobald ein Unternehmen gegründet wird, entsteht auch automatisch ein (implizites) Leitbild, welches mit der Gründungsmannschaft übereinstimmt. Der Gründer hat bestimmte Visionen und Werte, die automatisch auf das Unternehmen übertragen werden. Sobald das Unternehmen wächst, ist es unabdingbar, dass das implizite Leitbild explizit gemacht wird. Zudem muss das Leitbild vervollständigt werden – denn oftmals existieren bei der Gründung nur Fragmente davon. Richtig sinnvoll und in all seinen Funktionen wirksam ist aber nur ein vollständiges Leitbild.

Wachstumsphasen

Unternehmen durchlaufen verschiedene Wachstumsphasen. So hat man am Anfang nur einen (oder mehrere) Gründer, dann erste Mitarbeiter, später weitere Mitarbeiter, Teams, Teamleiter, Management, Abteilungen u.v.a.m. Jede Phase verlangt eine andere Art der Steuerung. Grundsätzlich wird ein Leitbild umso wichtiger, je größer die Unternehmung wird bzw. je mehr Selbstorganisation man seinen Mitarbeitern zugestehen möchte.

Repositionierung

Sobald man eine Unternehmung repositionieren möchte oder muss (z.B. in ein neues Geschäftsfeld hinein) ist es wichtig, hier für ein klares Selbstverständnis zu sorgen, damit jeder, der an der Repositionierung beteiligt ist, den dafür notwendigen Change-Prozess bestmöglich und ohne Reibungsverluste begleiten kann.

Wechsel der Rechtsform

Der Wechsel der Rechtsform bedeutet auch immer eine strukturelle Repositionierung nach innen. So hat man es beispielsweise in einer GbR mit einer Gesellschaft zu tun, in der Gründer und Geschäftsführer in Personal-Union agieren und gemeinschaftlich am Unternehmenszweck arbeiten. Die GmbH sieht rein formell bereits eine Trennung zwischen Inhaber (Gesellschafter) und Geschäftsführer vor und erlaubt sowohl die ungleiche Anteilsverteilung zwischen den Gesellschaftern wie auch die beschränkte Haftung im Außenverhältnis. Sobald es also zum Wechsel der Rechtsform kommt, ist es zwingend notwendig, auch das Leitbild entsprechend anzupassen bzw. – sofern vorher noch gar keines existiert hat – dieses entsprechend zu formulieren.

Fusion mit einer anderen Firma

Fusionen gleichen einer Heirat, in der jeder Partner seine Mitgift einbringt – eben auch seine Kultur, Werte und sein Selbstverständnis. Man kommt nicht umhin, hier ein gemeinsames Leitbild zu entwerfen, welches beide Partner gleichermaßen mit einbezieht. Versäumt man dies, kommt es zum Ungleichgewicht und im schlimmsten Fall zur baldigen Trennung oder zumindest zur Krise.

Unternehmensnachfolge

Die Unternehmensnachfolge ist ein wichtiger Punkt im Lebenszyklus eines Unternehmens. Oftmals ist das Unternehmen sehr von den Vorstellungen, Ideen und Visionen des aktuellen Inhabers geprägt. Will man nun das Unternehmen übergeben ist es wichtig, das Leitbild explizit zu formulieren oder dieses – falls noch nicht geschehen – überhaupt erst zu erstellen.

Krisen

Eine sehr sensible Situation für alle Beteiligten sind Krisen. Hier ist deutlich mehr Orientierung und Motivation notwendig als in normalen Phasen. Zudem ist es hier essentiell, dass jeder exakt weiß was er zu tun hat um Reibungsverluste bestmöglich zu vermeiden. Ein starkes Leitbild kann hier für den notwendigen Rahmen sorgen.

3.2.2 Externe Anlässe

Bei den sogenannten "Externen Anlässen" wird das Leitbild verwendet, um nach außen zu wirken:

Der Wunsch nach Steigerung der Bekanntheit

Für viele Unternehmen ist der Wunsch nach Bekanntheit sehr wichtig. So wird das Marketing damit beauftragt, die Marke nach außen zu positionieren und deren Bekanntheitsgrad zu steigern. Hier hilft das Leitbild enorm, da es eine klare Kommunikationsrichtlinie vorgibt.

Nachhaltigkeits-Bestrebungen

Nachhaltigkeit ist ein Handlungsprinzip zur Ressourcen-Nutzung, bei dem die Bewahrung der wesentlichen Eigenschaften, der Stabilität und der natürlichen Regenerationsfähigkeit des jeweiligen Systems im Vordergrund steht.

Dies kann durch ein entsprechendes Leitbild gewährleistet werden.

Qualitätsversprechen

Produkt- bzw. Service-Qualität ist sicher eines der wichtigsten Kriterien für Kunden eines Unternehmens. Ein Leitbild kann so gestaltet werden, dass das Qualitätsversprechen ein elementarer Bestandteil des Unternehmens werden kann und somit dafür sorgt, dass die Qualität einen maximal hohen Stellenwert bekommt.

Leistungsversprechen

Hier gilt das selbe, wie zuvor in "Qualitätsversprechen" aufgeführt – nur eben konzentriert auf das Leistungsportfolio eines Unternehmens.

Andere Rahmenbedingungen (wie z.B. gesetzliche, ökologische, ökonomische, oder andere)

Sollte es Rahmenbedingungen für ein Unternehmen geben, welche die Arbeit stark reglementieren, so sollten auch diese in ein Leitbild aufgenommen werden, da diese in der täglichen Arbeit stets präsent sein müssen. Nur so kann gewährleistet werden, dass die Bedingungen jeden im Unternehmen zu jeder Zeit erreichen.

3.3 Wie passen OKR und Leitbild zusammen?

Damit ein OKR-Prozess erfolgreich sein kann, wird das Leitbild benötigt, welches Vision, Mission, Zweck und Werte der Unternehmung repräsentiert. Denn OKR orientiert sich stets an der Umgebung, in der es eingesetzt wird. Nur dann kann Führung und hier insbesondere die Mitarbeiterführung wirklich zielgerichtet sein.

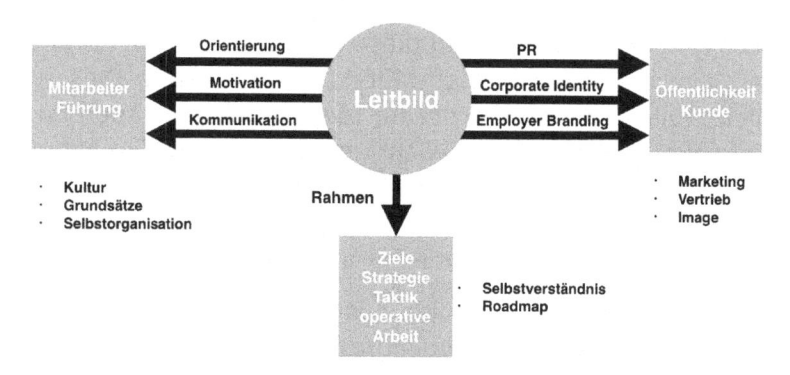

Übersicht Leitbild

Schaut man sich die Aufgaben des Leitbildes im Unternehmen an, so werden drei Dimensionen sichtbar - einmal in Richtung nach innen zu den Mitarbeitern, dann nach außen Richtung Öffentlichkeit und schließlich als Rahmenwerk für die strategischen Prozesse.

Orientierung ist die zentrale Funktion eines Leitbildes nach innen, in die Organisation. Ein Leitbild soll für die Mitarbeiter und Mitglieder die Frage beantworten:

- "Wofür stehen wir als Gemeinschaft?" (Vision)
- "Was wollen wir gemeinsam erreichen?" (Mission)

- "Welche Werte und Prinzipien sollen unser Handeln leiten?" (Werte)

Da diese Fragen immer attraktiv beantwortet werden, ist mit einem Leitbild die Hoffnung auf eine positive Motivation der Mitarbeiter verknüpft. Zudem dient das Leitbild als Kommunikationsmittel und damit auch als Unterstützer der Führung.

Positive Öffentlichkeitsarbeit ist die Funktion eines Leitbildes nach außen. Es soll Kunden, Bürgern und Meinungsführern die Frage "Wofür steht diese Organisation?", verknüpft mit einem positiven Image-Effekt, beantworten. Dies ist nicht zuletzt für die Corporate Identity wichtig. Auch das Employer Branding, ein wichtiger Bestandteil der Mitarbeitergewinnung (Recruiting) und Mitarbeiterbindung (Retention), profitiert nicht unerheblich von einer positiven Unternehmenskultur, die ein Leitbild schaffen soll.

Die Entwicklung von Leitbildern ist oft Ausgangspunkt oder Bestandteil von Veränderungsprozessen. Durch die Beschreibung eines positiven Leitbildes soll ein Fundament für positive Veränderung und Weiterentwicklung der Organisation geschaffen werden.

Und schließlich bildet das Leitbild den Rahmen für Ziele, Strategie, Taktik und die operative Arbeit eines Unternehmens. Erst dann ist eine realistische Roadmap mit einem gesunden Selbstverständnis möglich.

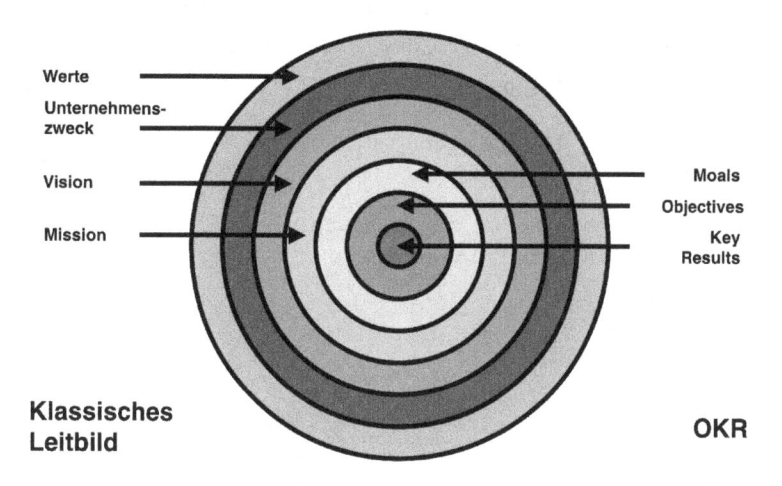

Bestandteile eines Leitbildes

Aus welchen Elemente besteht ein Leitbild eigentlich? Wir wollen hier kurz auf alle wichtigen Bestandteile eingehen und diese dann in den nachfolgenden Kapiteln vertiefen.

Zum klassischen Leitbild gehören:

1. Werte (hier gibt es Kern- und Wunsch-Werte)
2. Unternehmenszweck
3. Vision
4. Mission

Wir werden gleich sehen, dass die Mission einen immer noch recht ambitionierten Zeitraum von 3-5 Jahren abdeckt, OKR jedoch in kurzen Zyklen von 4 Monaten agiert.

Was also fehlt, ist ein sogenanntes "mittleres Ziel", welches einen Zeitraum von ca. einem Jahr umfasst. Wir haben dieses "Moals" getauft, nach der englischen Abkürzung für "Mid-term Goals".

Nun steigen wir schon in die OKR ein, die zunächst Objektives und darin Key Results definieren.

Werte — Solange das Unternehmen existiert

Zweck — Solange das Management existiert

Vision — 5-10 Jahre

Mission — 3-5 Jahre

Nachhaltigkeit eines Leitbildes

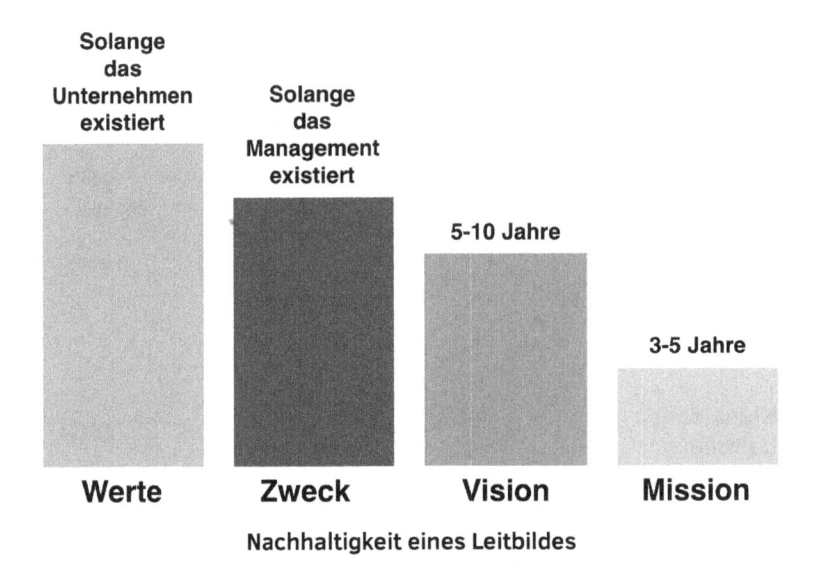

Wie lange aber sind die einzelnen Elemente überhaupt gültig?

Die Werte sind der langlebigste Baustein eines Leitbilds. Denn diese sind die DNA des Unternehmens und gültig, selbst wenn die Führungsmannschaft wechselt.

Der Unternehmenszweck wiederum wird vom Management definiert und bestimmt.

Die Vision ist auf einen Zeitraum von 5-10 Jahren ausgerichtet und die Mission wiederum auf eine Dauer von 3-5 Jahren.

3.4 Der Leitbild Prozess

3.4.1 Richtungen der Leitbildentwicklung

Grundsätzlich gibt es vier Richtungen der Leitbildentwicklung:

1. **Bottom Up**

   Einige Mitarbeiter entwickeln ein Leitbild und versuchen andere Mitarbeiter sowie das Management von unten nach oben davon zu überzeugen.
2. **Top Down**

   Das Management erstellt das Leitbild und versucht die Mitarbeiter von oben nach unten davon zu überzeugen.
3. **Gruppendynamisch**

   Vertreter aller Gruppen (also Mitarbeiter aus allen Abteilungen und dem Management) erstellen das Leitbild gemeinsam – Die Ausarbeitung erfolgt dann in definierten Kleingruppen.
4. **Center-Out**

   Hier bildet das mittlere Management den Ausgangspunkt für die Leitbildentwicklung und trägt dieses sowohl nach oben wie auch nach unten.

Man kann keiner der vier Richtungen per se einen Vorzug geben - tatsächlich aber scheint der gruppendynamische Prozess am erfolgsversprechendsten zu sein, da er im Sinne des Change-Managements alle Parteien an den Tisch holt und so ein gemeinsames Commitment erarbeitet.

Um in der Leitbildentwicklung erfolgreich zu sein, ist Folgendes zu beachten:

- Jeder im Unternehmen muss ausreichend über den Prozess informiert werden.
- Das Management (bis hinauf zum obersten Chef) trägt das Vorhaben uneingeschränkt mit.
- Es stehen genügend zeitliche und räumliche Ressourcen für den Leitbildprozess zur Verfügung.
- Es gibt einen Leitbild-Coach, der über genügend Erfahrung verfügt und der den Prozess plant und durchführt.
- Und schließlich: Es gibt einen klaren Plan, was exakt wann genau erreicht werden soll.

3.4.2 Moderation

Grundsätzlich kann man sich für einen Leitbildprozess einer internen oder externen Moderation bedienen. Was aber sind die Vor- und Nachteile der beiden Richtungen?

Interne Moderation	Externe Moderation
(+) kennt den Unternehmenskontext	(+/-) Einarbeitung in Kontext gleicht Audit
(+) hat einen Vertrauensvorschuss	(+) genießt natürliche Autorität
(+) kostengünstiger	(+) zeitlich flexibler
(-) ist nicht neutral	(+) ist nicht betroffen und kann daher neutral auftreten
(-) ggf. betriebsblind	(+) ist konfliktfrei und neutral
(-) hat immer lokale "Wirkungsfelder"	(+) völlig neutral gegenüber Lokalität

Der interne Moderator kennt natürlich den Unternehmenskontext sehr genau, während der Externe bei der Einarbeitung direkt einen Audit durchführen kann und somit Stärken und Schwächen viel objektiver feststellt.

Hat der Interne meist einen Vertrauensvorschuss, genießt der Externe eine natürliche Autorität.

Während das interne Coaching kostengünstiger ist, arbeitet ein externer Coach zeitlich deutlich flexibler, da er oder sie nicht in die Unternehmensprozesse eingebunden ist.

Interne Moderatoren sind im Gegensatz zu Externen zudem deutlich weniger neutral, oft betriebsblind und an lokale "Wirkungsfelder" im Unternehmen gebunden.

3.4.3 Phasen der Leitbildentwicklung

Schauen wir uns nun die vier Phasen der Leitbildentwicklung einmal genauer an:

1. Vorbereitung und Planung der Leitbildentwicklung
2. Workshops zur Leitbildentwicklung
3. Erarbeitung eines Leitbildentwurfs (welches einen iterativen Prozess darstellt, der anschließend wieder zu Punkt 2 führen kann)
4. Verabschiedung sowie Veröffentlichung und Kommunikation des Leitbilds

3.4.3.1 Vorbereitung und Planung der Leitbildentwicklung

In der Phase 1 "Vorbereitung und Planung der Leitbildentwicklung" sind folgende Schritte zu unternehmen:

- Man muss Gespräche mit allen relevanten Stakeholdern führen und dokumentieren (dabei ist es wichtig zu sensibilisieren, zu motivieren, und die Bedeutung zu erläutern).

- Die bestehende Kultur muss zudem analysiert werden (also, was ist bereits explizit und implizit vorhanden?).
- Es geht weiterhin darum, ausreichend Material zu sammeln (z.B. Corporate CI, CD, weitere "Zeugnisse" der Unternehmenskultur und ähnliches).
- Und schließlich müssen Verantwortlichkeiten festgelegt und eine Zeitleiste definiert werden.

3.4.3.2 Workshops zur Leitbildentwicklung

Die Workshops zur Leitbildentwicklung können je nach Unternehmung recht unterschiedlich ausfallen - vor allem auch in Bezug auf die Länge.

Der Zeitaufwand (der natürlich auch auf mehrere Workshops aufgeteilt werden kann) liegt aus unserer Erfahrung heraus:

- für kleine Unternehmen (bis 10 MA) bei ca. 1-2 Tage
- für mittlere Unternehmen (bis 100 MA) bei ca. 3-5 Tage
- für große Unternehmen (bis 500 MA) bei ca. 5-10 Tage
- und für Konzerne bei ca. 3-5 Wochen

In einem solchen Workshop sollte man sich strategischer Tools bedienen, wie etwa der sogenannten SWOT Analyse.

Diese stellt die internen Einflussfelder der Stärken (engl. Strengths) und Schwächen (Weakness) den externen Einflussfelder der Chancen (Opportunities) und Risiken (Threads) gegenüber und hilft damit bei der Analyse.

Für die Stärken und Schwächen sollte man die folgenden Bereiche betrachten und analysieren:

- Kunden
- Mitarbeiter
- Die Organisation an sich
- Dienstleistungen oder Produkte und deren Qualität
- Wissen und Kompetenzen
- Image des Unternehmens

Die Chancen haben als mögliche Kontrollfragen:

- Welche Entwicklungsmöglichkeiten haben wir?
- Welche Visionen existieren im Unternehmen?

Die Risiken schließlich können durch die folgenden Fragen beleuchtet werden:

- Was machen unsere Mitbewerber besser?
- Welche Veränderungen beeinflussen uns?
- Welche Gefahren birgt der Markt?

Ebenfalls hilfreich sind sogenannte Leitsätze - deren Beantwortung für jedes der abgebildeten Themenfelder entsprechenden Input liefert:

- Arbeits- und Kompetenzfelder: Was tun wir? Was können wir besonders gut?
- Defizite: Was können wir nicht? Wo machen wir Fehler?
- Qualität der Dienstleistung: Was verstehen wir unter Qualität?
- Kommunikation: Wie kommunizieren wir miteinander?
- Mitarbeiter: Wie gehen wir miteinander um?
- Führung: Wie wollen wir führen und wie geführt werden?

- Kunden: Wie sehen wir unsere Kunden, wie gehen wir mit ihnen um?
- Wirtschaftlichkeit: Wie erlangen wir Wirtschaftlichkeit?
- Partner: Wie gehen wir mit Partnern in der Zusammenarbeit um?
- Corporate Governance: Welches Bild wollen wir nach außen darstellen, wie interagieren und kommunizieren wir?

Die wichtigsten Elemente in Leitbildworkshops, die es zu ermitteln gilt, sollten grundsätzlich die folgenden sein:

- Werte (Core-Values & Wish-Values)
- Unternehmenszweck
- Vision
- Mission

3.4.3.3 Erarbeitung eines Leitbildentwurfs

Phase 3 der Leitbildentwicklung behandelt nun die Erarbeitung eines Leitbildentwurfs:

- Alle bisher erarbeiteten Elemente sollten nun in ein gemeinsames Dokument überführt werden.
- Beispielsweise eine Grafik (wie sie der Name "Leitbild" bereits sinnigerweise suggeriert) oder ein sogenanntes Culture-Book (ein Buch, welches alle Elemente der Kultur beinhaltet – als Text, Bild oder Grafik).
- In jedem Fall sollte eine "Verschriftlichung" erfolgen, damit keine Informationen verloren gehen und jeder, der mit diesem Leitbild in Berührung kommt, dieses schnell aufnehmen kann.

- Sobald man eine Verschriftlichung erreicht hat, sollte man diese mit der Gruppe zusammen in einem erneuten Workshop gemeinsam durchsprechen.
- Nun geht es eventuell wieder zurück in die 2. Phase – wenn eine Überarbeitung in erneuten Workshops notwendig ist.

3.4.3.4 Verabschiedung sowie Veröffentlichung und Kommunikation des Leitbilds

Hat man einen Stand erreicht, von dem alle Beteiligten sagen, dass dieser dem "gewünschten" Leitbild nahe kommt, geht es in die 4. und letzte Phase, der "Verabschiedung, sowie Veröffentlichung und Kommunikation des Leitbilds"

- Auch wenn man theoretisch beliebig lange an einem Leitbild feilen könnte, sollte man relativ zügig zu einem Stand kommen, in dem man dieses veröffentlichen kann.
- Hier ist zudem ein Commitment der Gruppe wichtig – dies kann in Form einer Unterschrift, eines Gruppenfotos oder eines zeremoniellen Akts erfolgen.
- Nun ist es wichtig, das Leitbild ausreichend im Unternehmen zu kommunizieren – entweder wird dafür eine Micro-Website im Intranet oder ein (personalisiertes) Leitbildbuch für jeden Mitarbeiter erstellt.

Es gibt in dem ganzen Prozess aber auch einige Fallstricke, die man gesondert beachten sollte:

- Das Leitbild dient primär dem Unternehmen zur internen Kommunikation – und nicht als Hochglanzbroschüre für die Kunden (denn die Wirkung nach außen ist immer auch eine Folge der Wirkung nach innen).

- Ein vollständig umgesetztes Leitbild verliert seine Dynamik für Veränderung – da es aber ein Stück weit Vision ist, gibt es immer ein Spannungsfeld (denn es wird ggf. nie vollständig umgesetzt sein).
- Je weniger Personen im Leitbildprozess ihr Commitment gegeben haben, desto weniger wird es auch gelebt.
- Ein Leitbild muss an die strategischen Entscheidungsprozesse angebunden werden (denn ansonsten klaffen Schein und Wirklichkeit auseinander) und überholen das Leitbild schnell.

3.5 Mission Statement Canvas

Um die Leitbildentwicklung zu unterstützen, haben wir ein Managementinstrument mit dem Namen "Mission Statement Canvas" (oder auch MSC) entwickelt, welches die Erfahrung aus den Strategieprozessen mit unseren Kunden der letzten Jahre bestmöglich reflektiert.

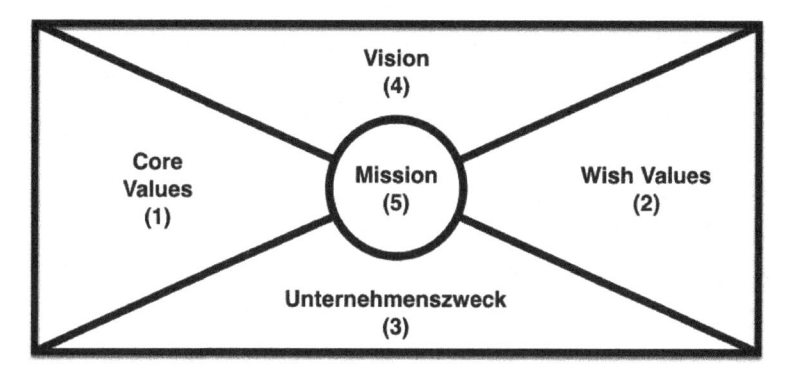

Mission Statement Canvas

Der Name "Mission Statement Canvas" orientiert sich am amerikanischen Begriff "Mission Statement", welcher dort ein Synonym für "Leitbild" ist.

Die Canvas unterteilt sich in 5 Bereiche, die in einem Leitbildworkshop in der richtigen Reihenfolge mit Informationen gefüllt werden - beispielsweise über PostIts oder indem man die Erkenntnisse direkt einträgt.

1. Bereich (1) ist den Core-Values gewidmet während direkt gegenüber im
2. Bereich (2) die Wish-Values eingetragen werden.
3. Anschließend kümmert man sich um die Ermittlung des Unternehmenszwecks im Bereich (3)
4. und darauf folgend um die Vision im Bereich (4).

5. Schließlich bleibt die Mission, die im Bereich (5) - der Mitte der Canvas - ermittelt wird.

Die einzelnen Elemente der Mission Statement Canvas schauen wir uns im Folgenden etwas genauer an.

3.5.1 Werte

Die Werte eines Unternehmens sind essentiell und bilden die Basis für alle weiteren strategischen Überlegungen. Hier gibt es aber zwei zu unterscheidende Wertekategorien, die oft verwechselt werden.

Einerseits existieren die Core Values (also Kernwerte), die das Wertesystem der Gegenwart darstellen. Andererseits gibt es auch immer die Wish Values (also Wunschwerte), die einem zukünftig angestrebten Zustand entsprechen.

Die Core Values stellen den Status Quo dar und bilden somit die Basis für unser Verhalten und damit auch dem des Unternehmens. Kernwerte werden auch von den Außenstehenden wahrgenommen.

Wish Values zeigen den Wunsch unserer Entwicklung und wie wir sein wollen. In diese Richtung wollen wir uns entwickeln, auch wenn diese Entwicklung ggf. sehr aufwändig sein kann.

Um nun die Werte für ein Unternehmen zu ermitteln, kann man verschiedenste Verfahren anwenden, von denen wir drei dafür geeignete ausgewählt haben.

3.5.1.1 Generelle Werte

Die einfachste ist sicher die sogenannte "Wertevermittlung".

- Versammeln Sie eine repräsentative Gruppe von Mitarbeitern aus allen Bereichen des Unternehmens (oder alternativ das Führungsteam).
- Jeder soll nun Werte nennen, die ihm besonders wichtig sind oder die seiner/ihrer Meinung nach die Firma repräsentieren.
- Nach einem Clustering (da ggf. ähnliche Werte genannt werden) und der ausreichenden Diskussion, werden die Werte ggf. angepasst.
- Nun hat jeder der Anwesenden zwei Stimmen mit denen dieser votieren kann (beispielsweise über Klebepunkte).
- Die 4-6 führenden Werte werden nun in einer erneuten Diskussion in Core-Values und Wish-Values getrennt.

3.5.1.2 Kernwerte (Core Values)

Zur Ermittlung der Kernwerte kann man das Format "Mission to Mars" verwenden, welches erstmalig von Jim Collins (einem Management-Vordenker und Buchautor) in dieser Form propagiert wurde.

Dieses funktioniert wie folgt:

- Versammeln Sie eine repräsentative Gruppe von Mitarbeitern aus allen Bereichen des Unternehmens (oder alternativ das Führungsteam).
- Die Gruppe soll nun so tun, als gäbe es ein paar außerirdische marsianische Anthropologen, die die eigene Unternehmenskultur verstehen wollten.
- Jeder Anwesende soll eine Liste von fünf Mitarbeitern aufstellen, die zum Mars geschickt werden könnten.
- Einziges Auswahlkriterium ist hierbei: Die "Auserwählten" dürfen sich nicht im Raum befinden.

- Das Problem bei der Mission ist: Die marsianischen Anthropologen verstehen die deutsche Sprache nicht. Sie können nicht lesen und verstehen auch keine noch so gute PowerPoint- oder Keynote-Präsentation. Sie lernen ausschließlich durch Beobachtung.
- Daher sollen also für die Mission jene fünf Mitarbeiter ausgewählt werden, die das Unternehmen am prägnantesten verkörpern. Und dies sind nicht zwingend die High-Performer!
- Welches also sind die fünf Mitarbeiter, die allein durch ihr Handeln den Marsianern den bestmöglichen Eindruck von dem Unternehmen vermitteln können?
- Wenn jeder im Raum seine Liste fertig hat, werden die drei am häufigsten genannten Mitarbeiter niedergeschrieben.

Nun beantworten Sie die folgenden acht Fragen für die drei häufigsten Namen – beginnend bei dem Namen, der die meisten Stimmen bekommen hat:

- Wer ist das?
- Wie macht er/sie seine/ihre Arbeit?
- Welche persönlichen Werte weist er/sie auf?
- Was macht er/sie anders als die anderen?
- Was würden Kunden oder Kollegen über ihn/sie sagen?
- Warum ist er/sie für das Unternehmen wertvoll?
- Welche Werte bringt er/sie bei der Arbeit ein?
- Was würde uns fehlen, wenn er/sie nicht mehr da wäre?

Anschließend werden die Ergebnisse ausgewertet:

- Zunächst werden die enthaltenen Werte ausgearbeitet.
- Dann findet ein Clustering statt.
- Die erhaltenen Werte werden ausformuliert.
- Nun werden die Werte auf eine Anzahl von 2-5 Werten durch Abstimmung reduziert.

Die damit erhaltenen Werte sind die Kernwerte des Unternehmens

In der +Pluswerk AG haben wir diesen Prozess ähnlich durchgeführt und dabei folgende Werte ermittelt:

- **Partnerschaftlich**

  Partnerschaftlich bedeutet für uns, sich aufeinander verlassen zu können. Im Umgang miteinander sind wir sowohl ehrlich als auch transparent. Dies gilt für Mitarbeiter wie für unsere Kunden. Unabhängig von Positionen begegnen wir uns auf Augenhöhe. Dieser respektvolle Umgang begleitet uns sowohl in stressigen Projektsituationen wie auch im Moment des Erfolgs.

- **Werthaltig und qualitativ**

  Qualitativ bedeutet für uns, Lösungen zu schaffen, die regelmäßig einen hohen Standard besitzen. Werthaltig bedeutet, dass wir für unseren Kunden Lösungen schaffen, die spürbar einen hohen Mehrwert bieten!

3.5.1.3 Wünschwerte (Wish Values)

Eine erprobte Methode um "Wish Values" zu ermitteln ist das sogenannte "Firmenjubiläum", die wie folgt durchgeführt wird:

- Versammeln Sie zunächst eine repräsentative Gruppe von Mitarbeitern aus allen Bereichen des Unternehmens (oder alternativ das Führungsteam).
- Versetzen Sie sich zehn Jahre in die Zukunft.
- Auf der dann stattfindenden Firmenjubiläumsfeier werden Reden gehalten:
- von einem Mitarbeiter der ersten Stunde,
- von einem Mitarbeiter, der erst seit einem Jahr bei der Firma ist,
- von einem Vertreter aus der Führungsriege,
- von Ihrem glücklichsten Kunden,
- oder einer anderen Person (hier müssen sie selbst kreativ werden).
- Jeder anwesende Mitarbeiter schreibt nun eine der Reden auf:
- Die Länge sollte bei ca. einer halben bis einer ganzen DIN-A4-Seite liegen.
- In der anschließenden Auswertung werden Eigenschaftswörter extrahiert (bzw. Wörter für Aussagen gefunden, die in der Rede vorkommen) - wenn z.B. die Aussage lautet: "Wir haben Kunden immer ehrlich behandelt", dann ist das Eigenschaftswort: "ehrlich" oder als Wert "Ehrlichkeit".
- Nun hat jeder der Anwesenden die Möglichkeit, zwei Klebepunkte an alle extrahierten Eigenschaftswörter zu vergeben.
- Die drei bis fünf Werte mit der höchsten Auszeichnung sind nun die Wish-Values des Unternehmens.

In der +Pluswerk AG haben wir diesen Prozess ebenso durchgeführt und damit folgende Werte ermittelt:

- **Kreativ und innovativ**

Kreativ und innovativ bedeutet für uns, dass wir uns stets auf neue Technologien ausrichten und immer fortschrittlich denken. Im Sinne von Kreativität schaffen wir dabei auch Einzigartiges, was es so noch nicht gegeben hat.

- **Leidenschaftlich und Spaß**

  Leidenschaftlich – wir brennen für das, was wir tun. Egal, in welcher Situation, Spaß und Leidenschaft sind unsere täglichen Begleiter!

3.5.2 Unternehmenszweck

Kommen wir nun zum Unternehmenszweck

Dieser beantwortet die drei "W-Fragen":

1. Was macht das Unternehmen?
2. Warum tut dieses Unternehmen, was es tut?
3. Was ist der Zweck unseres Tuns?

Aber was ist der Unternehmenszweck genau?

- Er ist zunächst einmal der Grund für die Existenz des Unternehmens,
- Er ist - wenn man so will - das Herz des Unternehmens,
- und ergibt sich aus dem Leistungs- und Angebotsspektrum des Unternehmens.
- Letztlich sollte sich jeder Zweck auf den Folgenden reduzieren lassen können: "Die ureigenste Aufgabe und der Zweck eines Unternehmens ist es, seinen Kunden zu nutzen."

- Im Amerikanischen wird Zweck bzw. Unternehmenszweck im übrigen oft mit "Mission" gleichgesetzt – wir trennen diese beiden Begriffe bewusst, da diese zwei verschiedene Perspektiven auf das Unternehmen darstellen.

Der Unternehmenszweck könnte beispielsweise wie folgt lauten:

- "Wir verstehen uns als Komplettanbieter von integrierten Logistiklösungen mit eigener exzellenter IT-Kompetenz" (Logistik AG).
- "We create chemistry for a sustainable future" (BASF).
- "Die Aprima (Deutschland) GmbH strebt danach, eine ganzheitliche Beratung zur Verwaltung von Familienvermögen in Europa zu bieten, ausgezeichnet durch ein überdurchschnittliches Maß an Zuverlässigkeit, Beständigkeit und Professionalität".
- +Pluswerk AG: "Wir schaffen digitale Werte und Lösungen".

3.5.3 Vision

Nach dem Zweck kommt in der Mission Statement Canvas das langfristige Ziel - die Vision.

Merkmale einer Vision sind:

- Eine richtige Vision begeistert Menschen und stellt ein gemeinsames Verständnis her.
- Eine Vision beschreibt die Einzigartigkeit des Unternehmens und gibt ihm dadurch eine Identität.
- Eine Vision ist dann gut, wenn viele diese Vision als wichtig und als bedeutend empfinden.

- Eine Vision ist stets unerreichbar, sollte aber immer greifbar sein.
- Eine gute Vision gibt den Mitarbeitern Orientierung und bietet Sinn.
- Und schließlich: "Eine gute Vision funktioniert auch dann noch, wenn man den Firmennamen weglässt." - dies gilt allerdings nur für bekannte Unternehmen.

Die Vision beantwortet die folgenden fünf W-Fragen:

- Was wollen wir erreichen?
- Wo steht unser Unternehmen in fünf bis zehn Jahren?
- Was ist unsere langfristige Vision?
- Wer sind unsere Mitbewerber in fünf bis zehn Jahren?
- Was gibt uns und unserem Tun Sinn?

Beispiele hier sind:

- "Ein Computer auf jedem Schreibtisch und in jedem Zuhause." (Microsoft).
- „Es einfachen Menschen ermöglichen, die gleichen Dinge kaufen zu können wie Wohlhabende." (Walmart).
- "Stelle dir eine Welt vor, in der jeder einzelne Mensch freien Anteil an der Gesamtheit des Wissens hat." (Wikipedia).
- "Wir möchten zu einer der führenden Agenturen für innovative, digitale Kommunikation in Deutschland werden. Partnerschaftlich entwickeln wir mit Leidenschaft und Erfahrung Lösungen mit optimalem Kundennutzen." (+Pluswerk AG).

3.5.4 Mission

Das letzte Element ist die konkrete Vision - die Mission.

Merkmale einer Mission sind:

- Der Zweck des Unternehmens steht im Fokus.
- Die Mission beschreibt die konkrete Vision.
- Es werden konkrete Leitlinien vermittelt (und nicht nur allgemeine Phrasen).
- Der Ausblick ist optimistisch.

Häufig ist die Formulierung der Mission in der Wir-Form gehalten.

Fünf Kontrollfragen helfen dabei, eine Mission zu ermitteln:

1. Warum und mit welcher Absicht gehen wir tagtäglich zur Arbeit in dieses Unternehmen?
2. Wieso habe ich als Unternehmer (oder wir als Führungsteam) diese Leidenschaft für das, was wir tun?
3. Was würde fehlen, wenn es uns nicht mehr gäbe?
4. Wofür brennen wir?
5. Was ist unsere eigentliche Leidenschaft?

Die Mission der +Pluswerk AG als Beispiel ist zwar ungewöhnlich lang, gibt aber durch seinen Storytelling-Charakter jedem Mitarbeiter eine Führungsleitlinie:

> "Wir wollen Partner des Kunden sein, dabei begegnen wir dem Kunden immer auf Augenhöhe! Wir streben nach langfristigen Beziehungen, sowohl mit Kunden als auch mit Mitarbeitern. Deswegen sind für uns Mitarbeiter- und Kundenzufriedenheit essenziell. Wir wollen einen messbaren Erfolg für den Kunden schaf-

fen und unsere Qualität wollen wir mit Awards und Auszeichnungen unterstreichen! Erfolgreich bedeutet für uns, bekannte Marken zu betreuen und dabei eine gesunde Rendite zu erreichen. Wir sehen uns in mehreren Branchen als Branchenführer, der mit hervorragendem Design, wirksamer Kommunikation und exzellenter Technik besticht. Das Pluswerk sehen wir als digitale Lead-Agentur, die den Open-Source-Gedanken täglich lebt!"

4. OKR für Einsteiger

"OKR ist ein agiles Framework, welches dafür sorgt, dass Mitarbeiter einem strukturierteren Zielvereinbarungsprozess folgen können, die Aufgaben der Mitarbeiter spezifiziert werden, die unternehmensinterne Kommunikation durch Transparenz und Sichtbarkeit verbessert wird und die Ziele und Ergebniskennzahlen durch die ganze Organisation – stets am Leitbild orientiert - verknüpft werden." (pluswerk.consulting)

Mithilfe von qualitativen Zielen (Objectives) und quantitativen Zielen (Key Results) bietet OKR ein agiles Framework, mithilfe dessen moderne und agile Mitarbeiterführung unterstützt wird. Klassische und veraltete Zielmanagementsysteme funktionieren in unserer schnelllebigen und komplexen Welt nicht mehr, die Anforderungen haben sich geändert. OKR hilft dabei, die Unternehmensstrategie transparent und agil umzusetzen - und zwar durch jeden Mitarbeiter. Die Mitarbeiter definieren ihre Ziele in selbstorganisierten Teams selbst und fokussieren sich alle paar Monate von Neuem. Intrinsische Motivation ist hierbei ein wichtiges Stichwort.

4.1 Gründe, warum klassische Zielmanagementsysteme heutzutage scheitern

Auch wenn MbO heutzutage noch stets hier und da präsent ist, kristallisiert sich immer klarer heraus, dass der Ansatz in unserer dynamischen und komplexen Welt nicht mehr bestehen kann. Die Anforderungen an Führung und Zielmanagementsysteme haben sich klar geändert, wie bereits in Kapitel 1 beschrieben wurde.

Doch aus welchen Gründen scheitern die klassischen Modelle und wo können Akzeptanzprobleme vorliegen? Wir haben mit verschiedenen Personen und Unternehmen gesprochen, sowie Fachliteratur analysiert, um dem auf den Grund zu gehen.

4.1.1 Schwierigkeiten auf der System- bzw. Prozessebene

Einzelne Elemente des Zielmanagementsystems sind nicht aufeinander abgestimmt

Ist das "Führen mithilfe von Zielen" nicht konsequent durchdacht und aneinander angepasst, so erreicht man oft das Gegenteil - Demotivation anstelle von Mitarbeitermotivation und inkonsistente Prozesse. Leider kommt dies bei MbO häufiger vor, als man glauben möchte, indem beispielsweise verschiedene Abteilungen unterschiedlich lange Zyklen haben, oder die Leistungsbeurteilung nicht zur Zielvereinbarung passt. Ist also eine flächendeckende Zielstruktur nicht möglich, so reagiert der MbO-Prozess sehr empfindlich hierauf.

Das bestehende System wird nicht diszipliniert durchgeführt

Befragte Unternehmen geben zu MbO oft an, dass der Prozess - wie ihn die Personalabteilung aufgesetzt hat - meist mit mangelhafter Disziplin durchgeführt wird und Führungskräfte keine Zeit haben, sich mit jedem einzelnen Mitarbeiter zu treffen um Ziele zu vereinbaren und diese zu beurteilen.

Jährliche Zielvereinbarungen sind zu selten

Oft wird empfunden, dass der klassische Ein-Jahres-Horizont aus dem MbO der Vergangenheit angehört. Heutzutage ändern sich Rahmenbedingungen so schnell und so oft, dass sich Ziele ebenso dynamisch anpassen müssen. Daher wird nach einem System gesucht, welches mit häufigeren Iterationen umgehen kann.

Zeitaufwand ist zu hoch

MbO - wenn richtig durchgeführt - benötigt ein großes Zeitinvestment der Führungskräfte. Diese müssen für jeden ihrer Mitarbeiter Ziele definieren, Gespräche terminieren, diese vorbereiten, ihre Arbeit kontrollieren, diese bewerten und hierfür abermals Beurteilungsgespräche terminieren. Summiert man hier alle Stunden und ausgefüllten Bewertungsbögen auf, so kommt einiges zusammen.

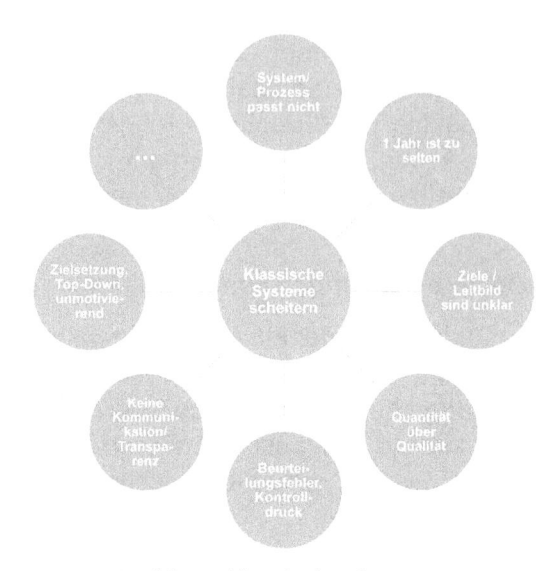

Probleme klassischer Systeme

4.1.2 Mangelnde Qualität der Ziele

Anknüpfung an das Unternehmensleitbild fehlt

In vielen Unternehmen, welche MbO nutzen, kann es sehr schwierig sein, jedes einzelne Mitarbeiterziel am Unternehmensleitbild aufzuhängen und dies auch entsprechend zu kommunizieren. Aufgrund dessen mangelt es bereits an der richtungsweisenden Funktion, die Ziele eigentlich haben sollten.

Konkrete nächste Schritte sind unklar

Bei Jahreszielen fällt es uns oft schwer, uns vorzustellen, welches genau die nächsten konkreten Schritte sind, die in den nächsten Tagen oder Wochen unternommen werden können oder sollen. Ein Ziel, welches auf ein Jahr ausgelegt ist, kann sehr abstrakt sein und je unverständlicher es einem erscheint, desto weniger wird man sich damit beschäftigen.

Ziele sind redundant oder sogar widersprüchlich

In einem System, in dem kein horizontales sondern lediglich vertikales Alignment angestrebt wird, kann es leicht passieren, dass Mitarbeiter oder Teams aus verschiedenen Abteilungen ähnliche Ziele von ihren Vorgesetzten bekommen. Im schlimmsten Fall widersprechen sich diese Ziele sogar, ohne dass dies auf den ersten Blick für jemanden ersichtlich wäre.

Zielerreichung dient dem Selbstzweck

Oftmals gesehen in MbO-Systemen: Ziele werden nur erreicht, um erreicht zu werden. Sind Nutzen und Ausrichtung der eigenen Ziele nicht deutlich, diese jedoch an monetäre Anreize geknüpft, so werden wir auf ein Ziel hinarbeiten, ohne dessen Sinn zu hinterfragen. Diesen Mangel an kritischer Denkweise kann man nur beheben, indem man finanzielle Anreize davon entkoppelt.

Quantität steht über Qualität

Im klassischen MbO muss sich jede Führungskraft X Ziele für die Mitarbeiter "ausdenken". Schnell kann dies zu fehlendem Fokus und Qualität in der Beschreibung der Ziele führen und in einer großen Menge an unqualifizierten Zielen enden.

4.1.3 Subjektive Beurteilungsfehler

Halo-Effekt

Beim Halo-Effekt wird ein Beurteilungsmerkmal im Vergleich zu anderen schwächeren Fähigkeiten überbewertet.

Nikolaus-Effekt

Dieser Effekt besagt, dass kürzliche Ereignisse und Ergebnisse stärker ins Gewicht fallen, als diejenigen, welche vor längerer Zeit geschehen sind. Dies ist der Tatsache geschuldet, dass erstere präsenter in der Erinnerung sind.

Kleber-Effekt

Hierbei handelt es sich um den Effekt, wenn länger nicht beförderte Mitarbeiter tendenziell schlechter bewertet sind, da die Nicht-Beförderung bzw. Ereignislosigkeit wie ein "Kleber" an ihnen haftet.

Andorra-Effekt

Beim Andorra-Effekt handelt es sich um die sich-selbsterfüllende-Prophezeiung, das heißt, man arbeitet unterbewusst so lange auf ein bestimmtes Ereignis hin, bis sich dieses auch erfüllt, da man sowieso stets damit gerechnet hat.

Tendenz zur Milde oder Strenge

Führungskräfte sind auch nur Menschen. So kann es bei Beurteilungen häufig vorkommen, dass man jemandem nicht weh tun möchte, oder aber Mitarbeiter viel zu streng beurteilt, in der Hoffnung, sie "erziehen" zu können. Hier spielen auch die Angst vor negativen Reaktionen oder Angst vor Kontrollverlust bei der Führungskraft eine große Rolle.

4.1.4 Akzeptanzprobleme auf zwischenmenschlicher und emotionaler Ebene

Kommunikation erfolgt meist nur bilateral und Transparenz fehlt

Mitarbeiter erfahren in ihrem Zielgespräch meist lediglich ihre eigenen Ziele, bekommen aber ansonsten nicht viel mit, was die Unternehmensziele oder Ziele anderer Abteilungen betrifft. Dies führt natürlich zu Motivationsproblemen. Fehlende Transparenz resultiert des Weiteren auch in mangelndem Alignment der einzelnen Teams.

Sinn und Nutzen der eigenen Ziele sind unklar und das "Big Picture" fehlt

Es kann in Jahreszielgesprächen leicht passieren, dass der Sinn und Nutzen der eigenen Ziele durch die Führungskraft nicht ausreichend kommuniziert wird. Die Verbindung zu den Unternehmenszielen und zur Strategie ist hier oft nicht deutlich und gerät über das Jahr hinweg immer mehr in Vergessenheit. Plötzlich stellt sich die Frage: "Wofür tun wir das eigentlich?". Viele Unternehmen haben nach wie vor Schwierigkeiten, eine klare Strategie und verständliche Unternehmensziele zu formulieren und kommunizieren.

Ziele werden oft Top-Down bestimmt

In sehr klassisch aufgestellten MbO Prozessen werden Mitarbeiterziele des öfteren Top-Down bestimmt und den Betreffenden mitgeteilt. In diesem Fall kann aber auch nicht mit dem Commitment der Person gerechnet werden, denn sie hatte selbst nichts mit der Definition der Ziele zu tun.

Verknüpfung mit Vergütung fördert pessimistische Ziele

Sobald Geld an Ziele gekoppelt ist, führt dies einerseits dazu, die Ziele so niedrig wie möglich anzusetzen ("Ich möchte ja schließlich meinen Bonus bekommen!"). Andererseits bleibt aber auch das kritische Hinterfragen nach Sinn und Zweck eines Ziels aus, sowie die Möglichkeiten, ein Ziel kurzfristig zu ändern, wenn sich Rahmenbedingungen wandeln ("Aber mein Ziel lautet doch so und daran ist mein Bonus gekoppelt!").

Persönliche Barrieren und die personale Komponente werden vernachlässigt

In klassischen MbO Systemen ist man oft im Prozess gefangen und der Mensch wird zum Rädchen im Getriebe. Verschiedene Persönlichkeiten haben allerdings unterschiedlichste Probleme oder Barrieren, die mit ihren Zielen, Zielerreichung oder Leistungen und deren Bewertung zu tun haben können. Manchmal wird dies allerdings vernachlässigt, da die Führungskraft keine Zeit hat, einen Gesprächstermin von mehr als einer halben Stunde zu vereinbaren.

Feedbackschleifen fehlen

Wenn Ziele nicht gemeinsam im Team vereinbart und diese nicht des Öfteren während eines Zyklus kritisch beleuchtet werden, so fehlen automatisch dringend notwendige Feedbackschleifen. Feedbackschleifen sind einerseits für die Zieldefinition selbst wichtig, andererseits auch für den Prozess der Zielfindung und, um Abstimmung und Alignment zu fördern.

Angst vor Kontrolle und sozialem Druck steigen

Wenn jeder Mitarbeiter anhand von Jahreszielen gemessen und bewertet wird, kann schnell unnötiger sozialer Druck entstehen ("Ich bin schlechter als die anderen"). Des Weiteren entsteht oft schneller als gedacht ein unangenehmes Gefühl der Kontrolle. Menschen arbeiten unter Kontrolle in der Regel nicht besser - sondern sogar eher schlechter und demotivierter als in einem selbstbestimmten Szenario. Konkurrenzdenken und Misstrauen sind also Faktoren, die in klassischen Modellen häufiger zu beobachten sind.

Es ist klar ersichtlich, dass neue Anforderungen und Rahmenbedingungen, wie wir sie heutzutage erleben, moderne und flexiblere Führungsmodelle fordern, welche den Menschen anstatt des Prozesses in den Vordergrund stellen. Denn wenn bei Mitarbeitern Akzeptanzprobleme hinsichtlich ihrer Ziele oder des Zielmanagementsystems vorliegen, so werden sie auch nicht motiviert oder selbstbestimmt an der Erreichung dieser Ziele arbeiten.

4.2 Der Ursprung von "Objectives und Key Results"

OKR (Objectives und Key Results) ist eine perfekte Antwort auf die Frage nach moderner und agiler Mitarbeiterführung.

OKR ist ein Rahmenwerk für Zielvereinbarungen in komplexen und schnelllebigen Umfeldern, wie sie die digitale Transformation mittlerweile vorwiegend verursacht und auch fordert - in jeder Branche und jeder Unternehmensgröße. OKR schafft es dabei, den Mitarbeitern einen Rahmen zu schaffen, innerhalb dessen sie selbstorganisiert und produktiv dem Unternehmen dabei helfen können, seine langfristigen Ziele nachhaltig zu erreichen.

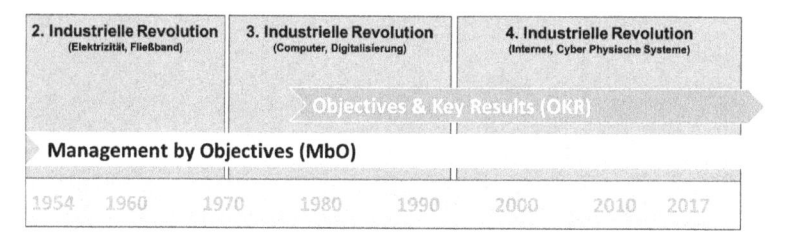

2. Industrielle Revolution (Elektrizität, Fließband)	3. Industrielle Revolution (Computer, Digitalisierung)	4. Industrielle Revolution (Internet, Cyber Physische Systeme)
		Objectives & Key Results (OKR)
Management by Objectives (MbO)		
1954 1960 1970	1980 1990	2000 2010 2017

Entwicklung von OKR

Hierbei handelt es sich um ein agiles Zielmanagementsystem, welches in den 1980er Jahren durch Andy Grove bei Intel ins Leben gerufen wurde.

Intel stand damals vor der Aufgabe, das eigene Unternehmen zum weltweiten Marktführer zu machen. Andy Grove wusste, dass er hierfür einen Weg finden musste, um seine Mitarbeiter effektiver zu führen und zu motivieren. Grove schaute sich das von Drucker begründete MbO (Management by Objectives) an, änderte einige wesentliche Aspekte, und nannte es OKR. Unter anderem waren ihm die Aspekte kürzere Iterationen (drei Monate oder kürzer), Mix aus Top-Down und Bottom-Up und Fokus wichtig.

Bei Andy Grove gab es für OKR anfangs zwei einfache Kontrollfragen:

- Wo will ich hin? (Objectives)
- Welche konkreten Schritte kann ich unternehmen, um dies zu erreichen? (Key Results)

Gegen Ende der 1990er Jahre erweckte John Doerr (ein Silicon Valley Management Consultant und Freund Andy Groves) bei einer Präsentation vor den Google Gründern Larry Page und Sergey Brin deren Interesse für OKR. Google nutzt OKR seit 1999, um dort die Möglichkeit zu schaffen, quartalsweise Prioritäten festzulegen und Mitarbeiter agil zu führen.

Mittlerweile wird OKR bei einer (stetig steigenden) Vielzahl von Unternehmen jeglicher Größe und Branche mit sehr großem Erfolg eingesetzt: Google, LinkedIn, Twitter, Oracle, Zalando, u.v.a.m. OKR hat sich dabei bis heute stetig weiterentwickelt. Es besteht nicht mehr nur aus den beiden Kontrollfragen, sondern wurde um verschiedene Elemente im Framework und um eine Werte- und Prinzipienbasis erweitert.

4.3 OKR im Überblick

Bei OKR werden Ziele in qualitative Objectives und quantitative Key Results aufgeteilt und auf (fast) jeder Ebene des Unternehmens definiert und weitervererbt. Das Objective gibt ähnlich wie eine Vision eine bestimmte Richtung vor und ist dabei emotional und motivierend. Die Key Results teilen dem Objective messbare Ergebnisse zu und zeigen am Ende eines Zyklus, ob und inwieweit das Objective erreicht wurde.

So gibt es OKR-Listen für das Unternehmen, Abteilungen, Teams und manchmal sogar auf Mitarbeiterebene.

Alle 3-4 Monate werden die Ziele agil neu formuliert, um dynamisch und mit neuer Fokussierung auf eventuell neue oder veränderte Rahmenbedingungen reagieren zu können. Da pro Zyklus maximal vier Objectives definiert werden, handelt es sich bei OKR um eine starke Beschränkung auf wenige wesentliche Prioritäten für die kommenden Monate. Anstatt also vieles semi-gut zu machen, fördert OKR die Entwicklung, weniges sehr gut zu machen.

Das Besondere bei OKR ist einerseits das horizontale Alignment, das zusätzlich zum vertikalen Alignment geschaffen werden soll. Andererseits ist OKR auch ein Mix aus Top-Down und Bottom-Up, indem Teams sich selbstbestimmt und selbstorganisiert Ziele für die nächsten Monate geben dürfen und sollen. Dabei haben sie die Unternehmensziele vor Augen und identifizieren Möglichkeiten, wie sie als Team zu diesen Unternehmenszielen beitragen können. Es handelt sich also um ein PULL-Prinzip, in dem sich die Teams selbst ihre Ziele und Aufgaben "ziehen".

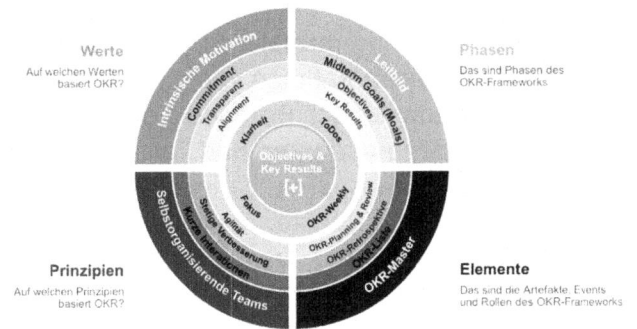

Objectives & Key Results (OKR)

Werte
Auf welchen Werten basiert OKR?

Phasen
Das sind Phasen des OKR-Frameworks

Prinzipien
Auf welchen Prinzipien basiert OKR?

Elemente
Das sind die Artefakte, Events und Rollen des OKR-Frameworks

Objectives und Key Results

Die Elemente und Phasen

- Leitbild
- Moals (Mid-term Goals)
- Objectives
- Key Results
- OKR Plannings
- Weekly OKR
- OKR Review
- OKR Retrospektive
- OKR Liste
- OKR Master

fügen sich zu einem flexiblen und agilen Rahmenwerk zusammen, welches an Unternehmen jeder Größe und Branche anpassbar ist. Einige Elemente des OKR Frameworks erinnern an das Projektmanagement-Framework Scrum. Hier gibt es ebenfalls bestimmte Events, einen Scrum Master, und so weiter. Es ist also direkt ersichtlich, dass Unternehmen, welche bereits weitere agile Frameworks nutzen,

OKR sehr gut an die bestehenden Arbeitsweisen adaptieren können.

OKR ist weder ein streng formaler Prozess, noch eine feste Technik. OKR gibt einen Rahmen vor, innerhalb dessen viel Spielraum bleibt, um je nach Branche, Kontext oder Unternehmen verschiedene Varianten und Taktiken einzusetzen. OKR als flexibel anpassbaren Rahmen zu verstehen, ist einer der wesentlichen Punkte, um unternehmerische und langfristige Ziele nachhaltig zu erreichen sowie Mitarbeiter für die Unternehmensvision zu begeistern.

4.4 Werte und Prinzipien des OKR Frameworks

Da OKR nicht als formaler Prozess zu verstehen ist, verzichtet das Framework auch auf eine detaillierte Sammlung von Regeln. OKR versteht sich selbst als werteorientierte Führung.

Werte sind der zentrale Bestandteil einer Unternehmenskultur, die für Motivation und Erfolg steht. Fest verankerte Werte sind für ein Unternehmen bedeutend wichtiger als niedergeschriebene Regeln und Verhaltensweisen. Denn wenn es für einen neuen Sachverhalt keine Regel oder keine Verhaltensweise gibt, existiert in diesem Szenario ein großes Problem, da der Mitarbeiter keine Orientierung hat, nach der er sich richten kann.

Prinzipien, auf denen die Anwendung eines bestimmten Rahmenwerks basiert, sind neben den Werten, die es ausmacht, ebenfalls zentraler Bestandteil. Aufgrund dessen ist der Spielraum für das eigene Handeln für jeden Mitarbeiter automatisch gesetzt und sehr klar kommuniziert.

4.4.1 Werte, die OKR lebt und fordert

Werte sind die Lösung für nachhaltige Führung. Werte benötigen keine seitenlangen Erklärungen und müssen auch nicht ständig aktualisiert werden. Werte sind fest verankert und zeigen sich sowohl im strategischen Leitbild, als auch im täglichen Miteinander und geben Mitarbeitern in jeder Situation eine Orientierung. Das Ergebnis ist eine gemeinsame Kultur, hinter der alle Mitarbeiter stehen.

Folgende Werte machen das OKR Framework aus:

- **Intrinsische Motivation**

OKR lebt davon und möchte natürlich fördern, dass Mitarbeiter intrinsisch motiviert sind, also von innen heraus aus eigenem Willen und Motivation an ihren Zielen arbeiten. Extrinsische Motivation - wie zum Beispiel eine Verknüpfung von Geld und Zielen - ist hier klar nicht vorgesehen, da sie viel weniger nachhaltig und stark wirkt und dafür sorgen würde, dass der Teamgedanke und ambitionierte Ziele leiden. Wirkliche Verbundenheit mit einem Unternehmen und damit auch mit einer Vision kann nicht durch finanziellen Anreiz entstehen. Echte Motivation entfaltet sich aus der Identifikation mit einem Unternehmen und seiner Aufgabe. OKR stellt den Mitarbeiter in das Zentrum des Leitbildes und erzeugt damit eine Motivation, die entsteht, weil Mitarbeiter Leidenschaft für eine Vision und eine gemeinsame Zielrichtung haben. Echte intrinsische Motivation ist ein wesentlicher Erfolgsfaktor zur nachhaltigen Mitarbeitergewinnung und Mitarbeiterbindung.

- **Commitment**

Bei OKR verpflichtet sich ein Team dazu, seine selbst gesetzten Ziele zu erreichen. Ziele entstehen demnach nicht durch Vorgabe, sondern direkt im Team oder vom Mitarbeiter. Ziele sind nicht mehr und auch nicht weniger als das Eigentum des Mitarbeiters oder Teams. Die daraus resultierende Verbundenheit mit dem, was sich ein Mitarbeiter vornimmt, erzeugt letztendlich eine hohe Verbundenheit mit den Zielen des Unternehmens. Ziele haben die Form eines Versprechens an eine Vision. Das erzeugt neben hoher Produktivität vor allem einen hohen Team Spirit.

- **Transparenz**

Unternehmensweit sind alle Ziele transparent. Dies führt dazu, dass jeder das "Big Picture" kennt und weiß, wohin die Reise gehen soll. Jeder verfügt somit über eine optimale Informationsgrundlage, Entscheidungen treffen zu können. OKR funktioniert nämlich nicht mit Einzelkämpfern. Ziele haben immer Berührungspunkte mit verschiedenen Teams und Mitarbeitern und aktiver Austausch soll unterstützt werden. Durch diese Transparenz entsteht ein echtes "Wir-Gefühl" und eine Kultur des sich gegenseitigen Unterstützens. Dass Ziele bei klassischen Methoden häufig nur bilateral vereinbart wurden, ist ein entscheidender Grund, weshalb diese Methoden in der heutigen Zeit nicht mehr funktionieren.

- **Alignment**

  Damit ein Unternehmen seinen strategischen Zielen auch nachhaltig und langfristig näher kommt, ist die gemeinsame Ausrichtung auf die wesentlichen und wichtigsten Themen ein entscheidender Faktor. OKR ist zwar kurzfristig ausgelegt, was bedeutet, dass der Fokus immer auf die nächsten drei Monate gerichtet ist. Dennoch folgt es dem Leitbild des gesamten Unternehmens. Das Alignment aller Mitarbeiter auf eine gemeinsam getragene und wirklich begeisternde Vision ist der Faktor, der dem Unternehmen am Ende weiterhilft, seine Ziele zu erreichen. Da die Transparenz aller Ziele - also auch der Unternehmens OKR - gegeben ist, haben alle Teams die Möglichkeit, ihre Ziele an den Unternehmenszielen zu orientieren und diese darauf auszurichten. Dadurch wird erreicht, dass das Unternehmen mit all seinen Untereinheiten auf ein gemeinsames Ziel "aligned" ist. Auch horizontales Alignment spielt hier eine wichtige Rolle, denn bei OKR sorgen die OKR Master unter anderem dafür, dass Teams untereinander wissen, was sie tun und wo sich eventuell Abhängigkeiten oder Konflikte ergeben könnten. OKR Master sind die verantwortlichen Personen, welche für das Thema OKR im Unternehmen stehen. Detailliert wird der OKR Master in Kapitel 6 beschrieben.

- **Klarheit**

  Für jeden Mitarbeiter ist sehr klar und deutlich ersichtlich, wie die Unternehmensziele lauten und was dies genau für das eigene Team in den nächsten Wochen bedeutet. Alle Aktivitäten und Aufgaben strategischer Art bekommen so einen Sinn. Ziel ist, im Unternehmen weniger Unklarheit und weniger unnötige Bürokratie zu schaffen, damit Teams effizient und effektiv an ihrer Zielerreichung arbeiten können.

4.4.2 Prinzipien als Basis für das OKR Framework

OKR entstand auf Basis der oben beschriebenen Werte und fordert sowie fördert diese auch in Unternehmen, welche OKR einsetzen. Des Weiteren manifestiert sich OKR auf Basis folgender fünf Prinzipien:

- **Selbstorganisierte Teams**

  Teams sollen selbstbestimmt und selbstorganisiert ihre Objectives und Key Results definieren und an diesen arbeiten. Einerseits erhöht das den Motivationsfaktor um ein Vielfaches und andererseits sind es gerade die Teams, welche oft über die größte Expertise verfügen. Führungskräfte haben heutzutage erstens keine Zeit und zweitens keinen Bedarf, ihre Teams bis ins Kleinste zu kontrollieren.

- **Kurze Iterationen**

  Aufgrund der hohen Dynamiken unseres Umfelds ist es wichtig, dass wir unsere Strategie und Ziele recht schnell anpassen oder abändern können. Kurze Zyklen für Ziele und Zielerreichung ebnen bei OKR den Weg hin zu einer wirkungsvollen Strategieumsetzung in Form von agiler Arbeitsweise mit kurzen Iterationen.

- **Stetige Verbesserung**

    Als agiles Framework strebt auch der OKR Prozess im Unternehmen nach Verbesserung. Mithilfe der Retrospektiven am jeweiligen Zyklusende ist es möglich, Problemstellen zu identifizieren und diese zu beheben.

- **Agilität**

    Indem wir Ziele für einen kurzen Zeitraum definieren und unseren Fokus in diesem Zeitraum auf einige wenige Dinge setzen, sind wir in der Lage, sehr schnell und agil zu agieren und zu reagieren. Gibt es plötzlich einen neuen Wettbewerber? Der nächste OKR Zyklus kann das direkt und sehr schnell adressieren.

- **Fokus**

    Fokus ist das A. und O., wenn wir eine Strategie wirkungsvoll verfolgen möchten. OKR hilft uns sehr dabei, indem es uns "vorschreibt", maximal vier wichtige Themen pro Zyklus verfolgen zu dürfen. Es zwingt uns dazu, zu priorisieren und darüber nachzudenken, was wirklich wichtig ist.

4.5 Vorteile und Nutzen des OKR Frameworks für Unternehmen

"OKR soll uns dabei helfen, unsere Mitarbeiter zu motivieren."

"Durch OKR möchten wir unsere Zielerreichung und Produktivität steigern."

"Wir möchten mit OKR erreichen, dass die Aufgaben und Erwartungen an die Mitarbeiter spezifiziert und geklärt werden."

"Unsere Kommunikation muss sich verbessern."

"Unser Unternehmen soll agiler werden."

"Wir möchten die digitale Transformation beherrschbar machen."

4.5.1 Unternehmensinterne Vorteile einer OKR-Einführung und -Nutzung

Es lassen sich sechs zentrale Faktoren aus einer Vielzahl von Kundenaussagen und eigener empirischer Erfahrung herausarbeiten. Unternehmen, welche OKR sinnvoll und richtig einsetzen, können starke Veränderungen in folgenden zentralen Feldern spüren:

Kommunikation

Die unternehmensinterne Kommunikation verändert sich merklich, innerhalb aber auch zwischen verschiedenen Teams. Auch der Wissenstransfer ist hiervon betroffen, denn wenn Teams OKR nutzen, verstärkt dies automatisch die Kommunikation über Abteilungsgrenzen hinaus. Plötzlich unterhalten sich Mitarbeiter, die sich zuvor gar nicht kannten, über ihre Projekte und es wird Wissen ausgetauscht, welches bis dato in verschiedensten Datenbanken vergraben war.

Fokus

Jeder weiß, worauf es ankommt! Indem Leitbild, Unternehmens- und Teamziele transparent und sichtbar gemacht werden, ist für jeden Mitarbeiter sofort deutlich, wo das Unternehmen lang-, mittel- und kurzfristig hin möchte. Dies erleichtert die Aufgabe, darüber nachzudenken, was man selbst zu diesen Zielen beitragen kann und welchen Sinn die eigene Arbeit hat.

Transparenz

Wird OKR eingeführt, werden automatisch alle Unternehmens- und Teamziele transparent für alle dargestellt. Außerdem wird in den OKR Plannings und weiteren Events viel darüber diskutiert. Diese Transparenz erhöht automatisch die Kommunikation, Klarheit, und auch das Alignment. Denn Teams können sehr schnell identifizieren, woran andere Teams arbeiten und ob sich hier Synergien oder auch Konflikte ergeben. Außerdem kann dafür Sorge getragen werden, dass Teams in Richtung der Unternehmensziele arbeiten.

Agilität

Die kurzen Zyklen in OKR fördern Agilität, da sie schnelle Reaktionen und Richtungsänderungen ermöglichen. Innerhalb weniger Monate kann evaluiert werden, ob die Ziele noch aktuell sind, oder ob ein neuer Fokus benötigt wird. Außerdem wird die Agilität durch crossfunktionale Teams unterstützt, welche selbstorganisiert arbeiten und kommunizieren.

Engagement

Wer seinen Mitarbeitern die Möglichkeit einräumt, Ziele selbst zu definieren, wird durch ihr Commitment belohnt. Menschen erfahren nur wirkliches Commitment für Dinge, die sie sich selbst erarbeitet haben. Aus diesem Grund ist die klassische und veraltete "Zielsetzung" nicht motivationsfördernd und Teams entwickeln keinen inneren Willen und Motivation, von selbst und mit Begeisterung an ihren Zielen zu arbeiten.

Visionäres Denken

OKR durchbricht klassische Denkstrukturen und fördert visionäres Denken. Teams können sich in OKR Plannings frei bewegen und viele verschiedene Ideen entwickeln, wie sie zu den Unternehmens OKR beitragen könnten. Auf diese Art und Weise entstehen ganz neue Wege und Möglichkeiten. Außerdem wirken ambitioniert definierte Ziele herausfordernd und es wird eine Zielerreichung möglich, mit der vorher möglicherweise keiner gerechnet hätte.

4.5.2 Externe Faktoren und Vorteile von OKR

Nicht nur interne Beweggründe, sondern auch von außen herangetragene Faktoren bringen Unternehmen dazu, OKR bei sich einzuführen.

Einige wichtige werden nachfolgend genannt:

Nachhaltiges Wachstum

Heutzutage hört man oft das folgende Zitat "Wachse oder sterbe!". Dies klingt recht bedrohlich - ist es auch! Entwickelt sich ein Unternehmen nicht weiter, so wird es sehr schnell von der Konkurrenz überholt. Es ist also ein ständiger Kraftakt, sich gesund vorwärts zu bewegen. Nachhaltiges Wachstum ist das realistisch erreichbare Wachstum, das ein Unternehmen ohne Probleme beibehalten kann. Zu schnelles Wachstum überholt die eigenen Ressourcen, während zu langsames Wachstum rasch stagniert und nicht mehr nachkommt.

OKR kann nachhaltiges Wachstum unterstützen, indem es dabei hilft, stets einen Fokus zu setzen und diesen durch die gesamte Belegschaft durch zu kommunizieren. Entsprechend laufen alle Motoren in dieselbe - fokussierte - Richtung.

Gefahr der Disruption

Bekanntlich ist die erwartete Lebensdauer eines neuen Unternehmens nicht besonders lange. Manche Unternehmen schaffen es jedoch und trotzen allen Widerständen. Sie können gesundes Wachstum und einen stetigen Kundenstamm etablieren. Doch dann geht der Kampf erst wirklich los, denn es werden stetig neue Unternehmen aus dem Boden wachsen, welche mit disruptiven Geschäftsmodellen den gesamten Markt durcheinanderwirbeln. Man denke hier an AirBnB, Uber oder WhatsApp.

Was also tun? Die Antwort liegt auf der Hand: Das eigene Unternehmen muss agil sein, schnell auf Änderungen im Umfeld reagieren können und neue Informationen rasch und flexibel verarbeiten können. Auch hier erweist sich OKR als hilfreich, denn in sehr kurzen und iterativen Abständen wird die Strategie neu durchdacht und an alle weitergegeben. Außerdem erhalten die Teams - welche möglicherweise näher am Markt und Kunden dran sind, als die Unternehmensspitze - die Chance, ihren Input Bottom-Up beizutragen.

Wettbewerb am Arbeitsmarkt

Mitarbeiterengagement ist nicht nur ein interner Faktor, der Unternehmen umtreibt, sondern auch ein externer. Im Wettbewerb um die größten Talente der neuen Generationen kommt es nicht nur darauf an, einen neuen Mitarbeiter zu rekrutieren, sondern diesen auch zu halten. Motivation - und vor allem intrinsische Motivation - spielen hier eine große Rolle. Organisationen benötigen also Mitarbeiter, welche ein emotionales Commitment ihren Zielen gegenüber entwickeln und über eine intrinsische Motivation verfügen, die

Team- und Unternehmensziele bestmöglich zu erreichen. Dies kann OKR unterstützen, denn hier bekommen Mitarbeiter viel Freiraum, Selbstbestimmung und die notwendige Klarheit und Transparenz der Unternehmensziele.

5. OKR Framework

„Das OKR Framework besteht aus einzelnen Elementen, die alle in sich und in ihrem Zusammenspiel sehr wichtig für den Erfolg im Unternehmen sind. Dennoch besteht bei jedem einzelnen Element ein Gestaltungsspielraum, weshalb es sich um ein Framework und nicht um eine feste Methode handelt." (Magnus Schubert)

Das OKR Framework besteht aus einzelnen Elementen: dem Leitbild des Unternehmens, welches die Ausgangsbasis bildet. Zudem gibt es die Mid-term Goals (Moals), sowie den OKR Zyklus, in welchem sich Objectives und Key Results, sowie die einzelnen Events (OKR Plannings, Weekly OKR, OKR Review, OKR Retrospektive) wiederfinden. Ergänzt wird das Framework durch den OKR Master im Unternehmen, sowie dem Artefakt der OKR Liste, in der alle Objectives und Key Results des Zyklus festgehalten werden.

In der Organisation kann sich das OKR Framework auf verschiedene Ebenen ausbreiten, so existieren normalerweise Unternehmens OKR, Team OKR und möglicherweise sogar persönliche OKR.

5.1 Die Elemente des OKR Frameworks

Das OKR Framework bildet einen Rahmen als Zusammenspiel verschiedener Elemente. Um ein funktionierendes OKR System zu erhalten, sollten alle Elemente in ihrer Grundform und für ihren jeweiligen Zweck vorhanden sein.

Wie jedoch die einzelnen Elemente im Detail ausgestaltet sind, kann bei jedem Unternehmen anders aussehen. Hier wird differenziert, wie sich die Unternehmenskultur gestaltet, welche Rolle Kennzahlen spielen, wie Teams aufgestellt sind und miteinander arbeiten, wie schnell sich das Umfeld des Unternehmens ändert, und viele weitere Aspekte.

Es obliegt also der Verantwortung der Organisation, ein OKR System zu kreieren, welches sich an die eigene Strategie, Kultur und Strukturen anpasst, anstatt ein festes und vorab definiertes OKR System in die Organisation zu "pressen". Nichtsdestotrotz werden sich beispielsweise die Unternehmenskultur und manche Strukturen ("Wie arbeiten unsere Teams zusammen?") durch OKR um bestimmte Nuancen verändern. Das Unternehmen wird sich in Richtung Agilität, Flexibilität, Zusammenschluss aus selbstorganisierten Teams, usw. entwickeln.

Die Auswirkung einer OKR Einführung auf die Unternehmenskultur und das damit verbundene Change Management werden in Kapitel 6 näher erläutert.

In der nachfolgend dargestellten Abbildung ist nun das OKR Framework zu sehen. Es besteht aus einem Mission Statement/Leitbild (detailliert in Kapitel 2 erläutert), den Midterm Goals, dem OKR Zyklus, verschiedenen Events innerhalb des Zyklus, der OKR Liste und dem/den OKR Master/n. Diese Elemente werden nachfolgend genauer beschrieben.

Das OKR Framework

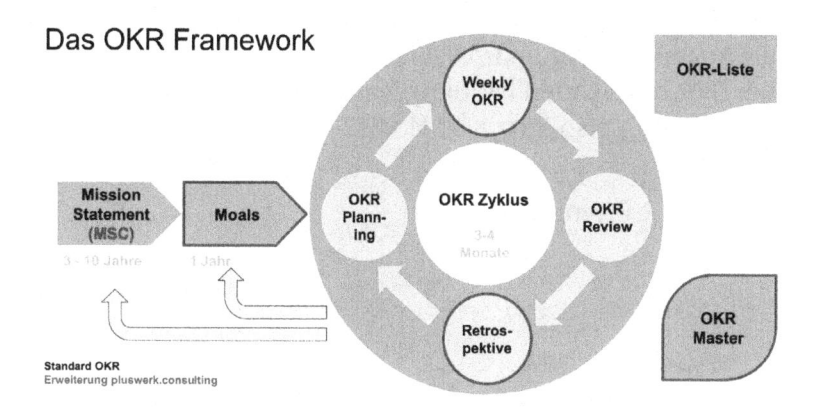

Das OKR Framework

5.1.1 Das Leitbild

Das Unternehmensleitbild ist eine wichtige Grundlage, um überhaupt ein OKR System einführen zu können. Bei OKR handelt es sich um die Umsetzung der strategischen Themen, dafür brauchen die OKR einen Anknüpfungspunkt an die Strategie. Das Leitbild ist folglich das Bild des großen Ganzen, die Beantwortung der Frage, wo sich das Unternehmen in der Zukunft hin bewegen möchte. Dementsprechend hat es natürlich einen hohen Motivationsfaktor, sowie eine Legitimationsfunktion. Je nach Unternehmenshintergrund nimmt das Leitbild einen Zeithorizont von drei bis zehn Jahren ein.

Die Elemente, Bedeutung und Entwicklung eines Leitbilds werden in Kapitel 3 detailliert erläutert.

5.1.2 Moals

Da das Unternehmensleitbild in den meisten Organisationen einen längerfristigen Horizont einnimmt, fällt es Mitarbeitern oft schwer, daraus Erkenntnisse für ihre tägliche Arbeit zu gewinnen. Benötigt wird also etwas Mittelfristiges, das als Anknüpfungspunkt zwischen Leitbild und den OKR dient. Bei OKR bezeichnen wir diese mittelfristigen Ziele als "Midterm Goals", also kurz als "Moals".

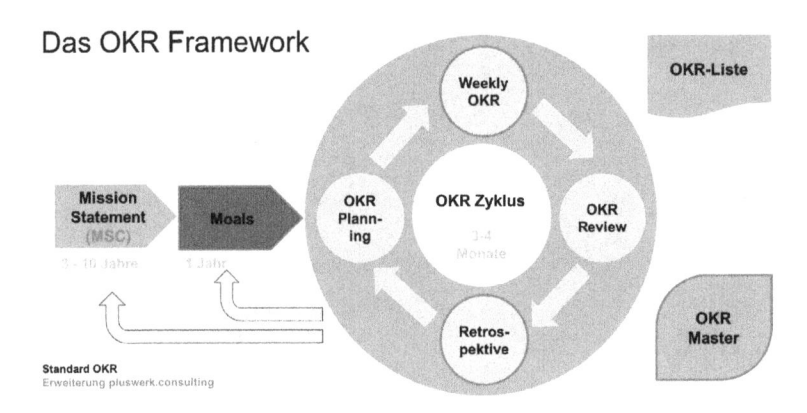

Das OKR Framework

Moals im OKR Framework

Man kann die Moals als eines (oder mehrere) Haupt-Themen betrachten, welche das Unternehmen sich für den Horizont eines Jahres zuweist. Die Moals werden ihrerseits vom Leitbild abgeleitet und sollen die strategischen Themenfelder abdecken, welche innerhalb eines Jahres auf die Organisation zukommen. In der Regel sollte es nicht mehr als vier oder fünf Moals pro Jahr geben, da man sich ja auf wenige Dinge fokussieren möchte.

Moals müssen von ihrem Charakter her nicht messbar sein, sondern können als qualitative, übergeordnete Ziele formuliert werden. Ermitteln lassen sich die Moals in einem zwei- bis vierstündigen Workshop, in dem Kreativelemente als Mittel herangezogen werden.

> Die zentrale Fragestellung, um die sich der Moal Workshop dreht, lautet: "Was sind unsere mittelfristigen Meilensteine, die wir im nächsten Jahr erreichen möchten/ müssen, damit wir unser Leitbild weiter verfolgen können?"

5.1.3 Objectives und Key Results

Die Objectives und Key Results knüpfen an die Moals an. Für die OKR wird in der Regel ein Zeitraum von drei bis vier Monaten gewählt, manchmal aber auch sechs Wochen, oder sogar fünf Monaten. Auch dies kommt ganz auf den Unternehmenskontext an.

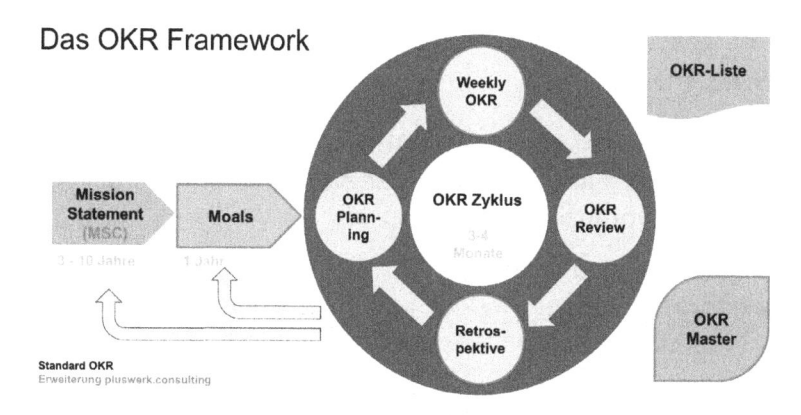

Das OKR Framework

Objectives und Key Results

Die Objectives und Key Results als qualitative und quantitative Ziele bilden das eigentliche Werkzeug, mit dem die Teams und Mitarbeiter die Strategie des Unternehmens umsetzen.

OKR unterscheidet zwischen einer qualitativen übergeordneten Ebene von Zielen und einer konkreten, spezifischen und messbaren. Mithilfe der beiden Komponenten schafft es OKR, alle wichtigen Kriterien zu erfüllen. MbO versucht im Gegensatz dazu, alle wichtigen Kriterien in ein Ziel mit einzuarbeiten, was in der Praxis oftmals sehr schwierig ist.

> Folgendes Objective ist beispielsweise sehr motivierend, qualitativ und übergeordnet: "Ich möchte ein Weltklasse Bergsteiger werden. Messbar und konkret ist es jedoch nicht, da nicht direkt ersichtlich ist, was hier eigentlich getan werden muss. Um dieses Dilemma zu lösen, gibt es noch die Key Results: "Ich nehme an 3 Trainingsläufen für Bergbesteigungen teil."; "Ich trainiere mit 30% weniger Sauerstoff"; usw.

5.1.3.1 Objectives

Ein Objective ist eine präzise Aussage über ein umfassendes qualitatives Ziel, das die Organisation in die gewünschte Richtung voranzutreiben versucht.

Objectives sind also qualitative, abstrakte und visionäre Zielformulierungen, welche uns dazu anspornen und motivieren, über uns hinaus zu wachsen.

Dabei haben Objectives noch nicht den Anspruch, dass hieraus direkt deutlich wird, was denn nun wirklich getan werden muss, denn dafür gibt es noch die Key Results.

Das Stichwort "Fokus" ist bei Objectives sehr wichtig. Um diesem Anspruch gerecht zu werden, sollten das Unternehmen und jedes Team sich im Zyklus maximal bis zu vier Objectives vornehmen. Dementsprechend gilt, dass zu Beginn eines Zyklus nicht nur definiert wird, an welchen Themen man in den nächsten Monaten fokussiert arbeiten möchte, sondern auch, an welchen Themen man ausdrücklich **nicht** arbeiten wird. Das Prinzip hinter dem Fokus-Gedanken ist recht einfach: Da unsere zeitlichen Ressourcen begrenzt sind, können wir entweder sehr viele Themen anfangen und keines richtig gut abschließen, oder wir konzentrieren uns auf einige wenige und schließen diese sehr gut ab.

Wichtige Kriterien, die ein Objective in seiner Formulierung und seinem Charakter erfüllen muss, sind folgende (QUBA).

QUBA

| Qualitativ und übergeordnet | Umsetzbar | Balance zw. inspirierend und erreichbar | Abgeleitet vom Unternehmensleitbild |

Objectives

- **Qualitativ und übergeordnet**

    Um seinen motivierenden und inspirierenden Charakter beibehalten zu können, kann das Objective nicht zu detailliert sein. Dementsprechend ist es auch nicht messbar, sondern eine rein qualitative Aussage. Übergeordnet bedeutet auch, viel Freiraum zu lassen, in dem sich die Teams mit ihren Key Results bewegen können.

- **Umsetzbar**

    Um die Motivation der Mitarbeiter nicht zu verlieren, sollte ein Objective ungefähr in den Zeitrahmen eines OKR Zyklus passen. Handelt es sich um ein weiteres Jahresziel, so schadet dies der Agilität des OKR Systems. Aufgrund dessen sollte ein formuliertes Objective immer wie folgt hinterfragt werden: "Könnte das Objective nach diesem Zyklus wieder beiseite gelegt werden?" Lautet die Antwort "Nein", so sollte das Objective thematisch aufgeteilt werden, um OKR Zyklentreue Objectives zu finden.

Um ein Commitment des Teams zu erhalten ist es vonnöten, dass das Team die Erreichung des Ziels auch selbst beeinflussen kann. Sätze wie "Marketing hat nicht geliefert, deshalb konnte ich nicht an meinen Key Results arbeiten" sind zu vermeiden. Diese crossfunktionalen Abhängigkeiten sind nicht immer zur Gänze zu verhindern, sollten dann aber - wo sie auftreten - allen rechtzeitig bekannt gemacht werden. Commitment erhält man in dem Moment, indem das Team, welchem das Ziel "gehört", dies auch so empfindet. Anders ausgedrückt: In dem Moment, indem das Team sich das Ziel selbst setzen darf. Dies empfiehlt sich auch als sehr sinnvoll, denn die Mitarbeiter in den Teams sind meist direkt am Kunden oder Produkt und verfügen über eine große Expertise. Sie wissen somit am besten und am realistischsten, welche Ziele in einem gegebenen Kontext Sinn machen.

- **Balance zwischen inspirierend und erreichbar**

Der intrinsische Motivationscharakter eines Objectives kommt hier zum Vorschein. Ein Ziel muss die Mitarbeiter so mitreißen, dass sie einen inneren Drang verspüren, sofort an diesem Ziel arbeiten zu wollen und große Sprünge zu wagen. Ein Objective besteht nicht nur aus einem Wort oder einer Überschrift, sondern wird als motivierende Aussage formuliert. Außerdem soll bezweckt werden, dass Mitarbeiter die Herausforderung, die aus dem Ziel entsteht, kritisch hinterfragen und sich genau überlegen, welche Herangehensweise am sinnvollsten ist.

Hier gilt es, die Balance zwischen "Inspiration" und "Realität" zu bewahren. Zwischen beiden (wo genau, das hängt wiederum vom jeweiligen Unternehmen ab) liegt genau der richtige Ansatzpunkt für das Objective. Anfangs sind Objectives wahrscheinlich näher an der Realität als an der Inspiration. Je mehr OKR Zyklen absolviert wurden und je mehr Feedback zur Verfügung steht, desto weiter wird man sich "aus dem Fenster wagen".

- **Abgeleitet vom Unternehmensleitbild**

Nutzlose Ziele werden verhindert, indem die Objectives von den Moals abgeleitet werden, welche sich wiederum auf die Unternehmensstrategie beziehen. Ein Ziel, welches sich in einem luftleeren Raum bewegt - ohne Anknüpfung zur Geschäftsstrategie - wird wenig Geschäftswert liefern. Nicht nur aus ressourcentechnischen Gründen, sondern auch aufgrund der persönlichen Motivation, ist es wichtig, dass Ziele stets einen kleinen Schritt in Richtung des großen Ganzen darstellen.

> "Ich möchte ein Weltklasse Bergsteiger werden."

Es existieren einige weitere Regeln zur Formulierung eines guten Objectives:

- Status Quo vermeiden: Objectives sollten den Status Quo immer verbessern/verändern.

- Hinterfragen: Um was geht es genau, versteht darunter jeder dasselbe? Gibt es mögliche Barrieren vor der Zielerreichung?
- Positiv formulieren: Versuche, auch eine gewünschte negative Bewegung umzudrehen ("Mehr gesunde Lebensmittel" statt "weniger Kalorien").
- Aktivierende Verben nutzen (erhöhen, verbessern, implementieren, erreichen,…).
- Natürliche Sprache verwenden: Das Objective soll objektiv für alle verständlich sein.
- Beschreibungen nutzen: Es kann helfen, unter dem Objective einen kurzen Beschreibungstext zu ergänzen. Dieser erklärt, was genau gemeint ist, warum es gewählt wurde und wo es eventuell Abhängigkeiten zu anderen Teams gibt.

5.1.3.2 Key Results

Qualitative Objectives müssen natürlich trotzdem konkret und messbar gemacht werden. Hierfür gibt es bei OKR die Key Results. Key Results messen also, ob ein Objective erreicht wurde oder nicht. Sie sind "Unterziele", welche erfüllt werden müssen, um das Objective zu erreichen. Es kann bis zu vier Key Results pro Objective geben.

Bei Key Results handelt es sich nicht um eine Auflistung von Aufgaben oder To-Dos. Im Gegenteil, sie sollen zwar spezifisch, aber mit Spielraum beschrieben werden und gleichen daher eher Zielen/Ergebniszuständen, als Aufgaben.

Auch für die Formulierung von Key Results gelten bestimmte Regeln und Kriterien (SMAAART).

Key Results

- **Spezifisch**

  Bei der Beschreibung eines Key Results sollte jedem sofort klar sein, was damit gemeint ist. Es sollte so spezifisch wie möglich und nötig beschrieben werden, was das Key Result beinhaltet und wie es gemessen wird. Key Results sind nicht einer To-Do-Liste gleichzusetzen, und sollten genauer formuliert werden als bspw. "10 neue Dinge".

  Ist ein Key Result zu unspezifisch formuliert, könnte dies zu Zeitverschwendung und Frustration führen, denn unter Umständen arbeiten zwei Mitarbeiter an "10 neuen Dingen", verstehen aber beide etwas völlig unterschiedliches unter diesen "neuen Dingen". Der Erste konzipiert neue Grafiken, ein Zweiter entwickelt neue Soundeffekte, aber beides passt nicht zueinander.

- **Messbar**

  Key Results müssen quantitativ sein und anzeigen, ob ein Objective erreicht wurde oder nicht. Auch der Fortschritt eines Key Results sollte für jeden objektiv evaluierbar sein (es ist also genau klar, wann 40% eines Key Results erreicht sind).

  Unglücklich sind sogenannte 0-1 Key Results: z.B. "eine Party feiern". Hier ist nur der Zustand 0 klar (es ist noch keine Party gefeiert), und der Zustand 1 (die Party wurde gefeiert). Alles dazwischen ist nicht objektiv beurteilbar. In diesem Fall würde man das

Key Result über die Besonderheit eines binären Key Results messbar machen (siehe weiter unten im Text).

- **Akzeptiert**

  Ein Key Result sollte immer von seinem Besitzer akzeptiert werden. Setzt sich also ein Team ein bestimmtes Key Result, so besitzt es dieses und gibt ein Commitment hierfür ab. Fällt dem Team während des OKR Plannings auf, dass es sich überschätzt, oder zu viel auf einmal vereinbart wurde, so muss es dies entsprechend adressieren und entweder die Höhe des Key Results, das Verb des Key Results oder das gesamte Key Result anpassen.

- **Ambitioniert und machbar**

  Auch bei Key Results gibt es die Balance zwischen Ambition und Machbarkeit. Ambitionierte Key Results motivieren nachhaltig zu höheren Leistungen, jedoch können zu hohe Ziele auch schnell demotivierend wirken. Hier gilt es - wie bei den Objectives - die richtige Balance mittels Erfahrung und Feedback herauszufinden.

- **Abgeleitet vom Objective**

  Key Results sollen dazu beitragen, ein Objective zu erreichen (vertikales Alignment). Aufgrund dessen ist es selbst erklärend, dass sie natürlich von den jeweiligen Objectives abgeleitet werden und nicht im leeren Raum stehen.

  Ein weiterer Aspekt bei OKR ist auch das horizontale Alignment, sprich, es wird auch darauf geachtet, woran andere Teams auf der selben Ebene arbeiten. Widersprechen sich manche Key Results, oder ergeben sich sogar Synergieeffekte?

- **Realistisch**

  Key Results sollten realistisch formuliert sein, also das

richtige Verhalten beim jeweiligen Bearbeiter triggern. Bei der Formulierung eines Key Results sollte also darauf geachtet werden, welche möglichen Aktionen daraus bei jemandem entstehen könnten, und, ob Missverständnisse entstehen könnten. Außerdem ist es, wie oben bereits beschrieben, vonnöten, darauf zu achten, dass eine bestimmte Erreichung des Key Results im Rahmen des Möglichen liegt.

- **Terminiert**

  Bei OKR sind Objectives und Key Results automatisch terminiert, da es sich immer um die feste Timebox des OKR Zyklus handelt. Dennoch ist es manchmal denkbar, dass manche Key Results eine bestimmte kürzere Timebox bekommen. Beispielsweise sollte Key Result 1 bis zur Mitte des Zyklus fertig sein, Key Result 2 kann aber bis Ende des Zyklus dauern. In diesem Fall ist es wichtig, den besonderen Zeitaspekt hier mit in die Beschreibung aufzunehmen.

Es existieren einige weitere Regeln zur Formulierung eines guten Key Results:

- Keine To-Do-Liste, sondern übergeordnete Ergebnisse aufschreiben.
- Kein Tagesgeschäft, sondern strategische Ziele aufschreiben.
- Objektiv und leicht verständlich schreiben.
- Genügend Freiraum für das Schaffen der Teams lassen.
- Lead Measures, statt Lag Measures verwenden (siehe Kapitel weiter unten).

> "Ich trainiere mit 30% weniger Sauerstoff" ist ein ideales Key Result. "Ich möchte jede Woche 40km auf einer Höhe von 2.000 m laufen" gleicht dabei eher einem To-Do.

5.1.3.3 Typen und Arten von Key Results

Es existieren verschiedene Typen und Arten von Key Results. Mit Typen sind unterschiedliche Typen an Messbarkeit gemeint. Unter Arten werden zweierlei Arten der Interpretation von Kennzahlen verstanden.

Typen von Key Results

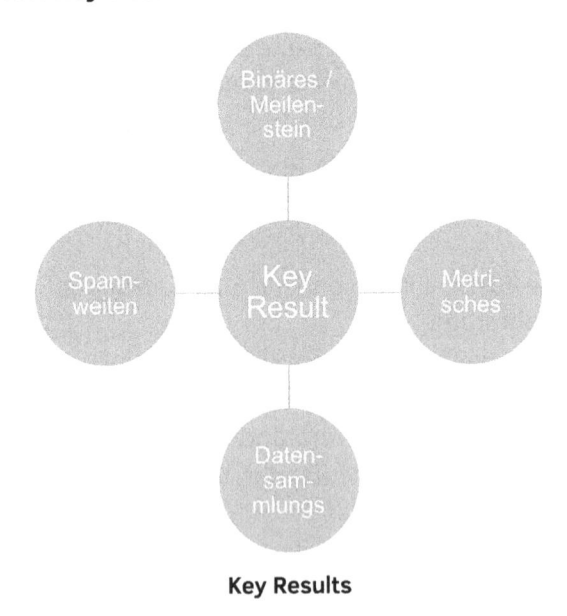

Key Results

- **Binäres Key Result / Meilenstein Key Result**

Das binäre Key Result kann oft auftreten und ist alleine für sich nicht richtig mit Fortschritt messbar. Es wird auch als Meilenstein-Key-Result verstanden. Man kennt den Zustand, wenn noch nichts erreicht ist (also 0 Prozent) und den, wenn das Key Result voll erreicht wurde (also 100 Prozent). Alles dazwischen ist für den Außenstehenden nicht nachzuvollziehen.

> "Eine Party feiern"

Was kann man also tun, um die Messbarkeit herzustellen? In diesem Fall würden einem Key Result mehrere Meilensteine zugeordnet werden. Diese Meilensteine würden für sich dann mit einer Prozentzahl gewichtet, sodass am Ende 100 Prozent erhalten werden. Über objektive und für alle einsehbare Zwischenschritte in Form der Meilensteine wird das Key Result objektiv und im Fortschritt messbar.

> "Eine Party feiern": - Location organisieren (20%) - DJ engagieren (20%) - Catering bereit stellen (20%) - Dekoration fertig stellen (20%) - Einladungen verschicken (20%)

- **Metrisches Key Result**

    Das metrische Key Result ist das intuitivste Key Result. Es ist mit einer Zahl, Währung, Prozentzahl, oder anderen beschreibbar und kann entweder in die positive Richtung, oder in die negative gehen.

> "5 Newsletter verschicken"; "10% weniger Fehler generieren"

- **Metrische Spannweiten - Key Result**

Die metrische Spannweite tritt dann auf, wenn man sich nicht auf einen bestimmten Wert festlegen kann. Man definiert also eine Range, innerhalb dieser sich das Key Result bewegen kann. Innerhalb der Spannweite ist natürlich mehr immer besser, aber auch die Erreichung des unteren Werts der Range würde bedeuten, das Key Result ist erreicht.

> "Zwischen 5-7 Newsletter verschicken"; "Fluktuation um 3-5% reduzieren"

- **Datensammlungs - Key Result**

Wenn Key Results definiert werden (vor allem metrische), dann muss davon ausgegangen werden, dass eine Datenbasis vorhanden ist. Bei einer Definition, dass man 10% mehr von etwas erreichen möchte, ist klar, dass jeder die Ausgangssituation kennt und diese ist irgendwo festgehalten.

In manchen Fällen gibt es noch keine historische Datenbasis, beispielsweise bei neuen Kennzahlen, oder einem neuen Geschäftsfeld. In diesem Fall wird empfohlen, das erste jeweilige Key Result zunächst dafür einzusetzen, um diese Datensammlung zu generieren. Darauf folgende Key Results können dann die beabsichtigten metrischen Key Results werden.

> "Jeden Montag alle offenen Tickets im System XY zählen"; "Bis Ende Mai eine durchschnittliche Conversion Rate berechnen"

Arten von Key Results

- **Lag Measures**

  Ein Lag Measure ist eine Kennzahl, die ein bestimmtes Ergebnis misst, das man erreichen möchte. Beispielsweise: *Umsatzzahlen*, oder *Körpergewicht auf der Waage*. Diese Kennzahl heißt Lag Measure, da sie, wenn man ihr Ergebnis erhält, bereits in der Vergangenheit liegt und nicht mehr beeinflusst werden kann. Es gibt also einen "Lag" zwischen Ursache und Wirkung der Kennzahl.

- **Lead Measures**

  Ein Lead Measure versucht, das Ergebnis vorherzusagen. Es ist ausgerichtet auf ein Lag Measure, kann aber direkt beeinflusst werden und liegt nicht in der Vergangenheit, sondern in der Zukunft. Wenn sich ein Lead Measure verändert, verändert sich voraussichtlich auch ein Lag Measure.

> Beispiel: Lag Measure *Körpergewicht auf der Waage*. Zu dem Zeitpunkt, wenn wir unser Gewicht auf der Waage sehen, ist es eine Ergebniskennzahl, die wir dann nicht mehr beeinflussen können. Unser Gewicht am Tag vor unserem Strandurlaub ist zu dem Zeitpunkt nicht mehr änderbar. Nimmt man sich zu Anfang des Jahres vor, 5kg

> an Gewicht zu verlieren, so ist dies auch recht schwer direkt beeinflussbar. Es gibt aber Lead Measures, die wir uns Anfang des Jahres hätten vornehmen können, die eine direkte Hebelwirkung auf unser Körpergewicht gehabt hätten, die wir aber viel besser direkt hätten beeinflussen können. Beispielsweise *jede Woche 3x Sport machen* und *jede Woche eine kohlenhydrathaltige Mahlzeit weniger essen.*

Für die Key Results sollten also bestmöglich **Lead Measures** statt Lag Measures gefunden werden, denn die Lead Measures können direkt vom Team beeinflusst werden und haben eine Hebelwirkung auf das, was eigentlich erreicht werden soll (z.B. Umsatz steigern). Es gilt sich zu fragen: **Welche Kennzahl kann ich finden, welche den größtmöglichen Hebel auf mein längerfristiges Ziel (z.B. Umsatz) hat, und die ich gleichzeitig beeinflussen kann?**

Leider ist es für Teams viel herausfordernder, passende Lead Measures zu identifizieren, da man tagtäglich von den üblichen Lag Measures umgeben ist (Umsatz, Wachstum, Kundenzufriedenheit, Conversion Rate,…)

Obwohl wir alle wissen, was eigentlich wirklich zu tun ist, fällt es uns häufig sehr schwer, dies auszusprechen und zu formulieren. Daher sollte man sich bei Bildung der Key Results immer die Frage stellen "Ist dies wirklich direkt von mir/unserem Team beeinflussbar?".

5.1.3.4 OKR vs. KPI

Es gibt Organisationen, welche aufgrund bestimmter Rahmenbedingungen bereits seit Jahren stark Kennzahlen-fokussiert sind (z.B. wenn es sich um eine AG handelt, die regelmäßig Finanzkennzahlen veröffentlichen muss). KPI sind Key Performance Indicators, also Leistungskennzahlen, anhand welcher der Erfolg oder die Leistung des Unternehmens gemessen wird. Das bekannteste Beispiel für einen KPI ist der Umsatz, es gibt aber viele weitere KPI.

Interessant ist bei KPI, dass diese immer in die Vergangenheit blicken. Wenn wir die KPI messen können, liegen alle Aktionen, die zu dieser Kennzahl geführt haben, bereits in der Vergangenheit und wir können sie nicht mehr ändern.

Unseren Umsatz aus dem Jahr 2016 konnten wir beispielsweise erst am 31.12.2016 um 24 Uhr mit absoluter Sicherheit messen. Zu diesem Zeitpunkt können wir ihn aber nicht mehr beeinflussen.

Bei KPI handelt es sich also allermeistens um die oben beschriebenen Lag Measures.

Was ist nun der Unterschied zwischen KPI und OKR?

- **KPI** sind Kennzahlen, welche jedes Jahr gemessen werden und immer gültig sind. Des Weiteren liegen sie zum Zeitpunkt ihrer Messung oder Feststellung in der Vergangenheit. KPI sind jedoch aufgrund ihrer Relevanz für unterschiedlichste Interessenten von großer Bedeutung und gelten als kritische Metriken.
- **OKR** sind keine KPI. Bei den in den Key Results enthaltenen Kennzahlen handelt es sich um solche, die für eine kurze Periode (zum Beispiel für einen Zeitraum von drei Monaten) im Fokus stehen und dabei helfen sollen, ein bestimmtes Ziel zu erreichen. Sie haben

einen innovativen Charakter, wollen also etwas Bestehendes in eine bestimmte Richtung verändern oder erneuern. OKR sind strategischer Natur, beinhalten also auch nicht das Tagesgeschäft, welches sowieso tagtäglich in Angriff genommen werden muss. Deshalb wäre es auch kein gutes Key Result, X € mehr Umsatz zu generieren. Viel besser wäre eine Kennzahl, welche wir jetzt und heute direkt beeinflussen können, die in die Zukunft schaut und uns sagt, dass wir damit wahrscheinlich mehr Umsatz erreichen werden.

Wichtig ist also, dass KPI und OKR thematisch getrennt werden.:

- **Möglichkeit 1: Visionsgetriebene OKR**

    In Unternehmen, welche keinen starken jährlichen Fokus auf KPI legen müssen, bietet sich an, OKR als das zu sehen, was am Ende des Weges steht: die große Vision.

    Auf dem Weg zur Erreichung der OKR müssen jedoch einige Rahmenbedingungen eingehalten werden. Ähnlich der Markierungen im Riesenslalom müssen die Mitarbeiter sich an den KPI als Wegpfeilern orientieren. Wenn wir also unsere OKR erreichen möchten, müssen wir uns in einem gewissen Rahmen bewegen und an einige Beschränkungen halten. Dadurch wird ausgeschlossen, dass beispielsweise zur Erreichung eines Key Results "x neue Abonnenten bei Twitter" ein Marketingbudget von 10 Mrd. € eingesetzt wird. Dies würde nämlich den Rahmen, den unsere KPI uns setzen (einen bestimmten Umsatz und Gewinn erwirtschaften), sprengen.

    Die OKR dienen in diesem Szenario nicht dazu, ein ultimatives Ziel der KPI zu erreichen.

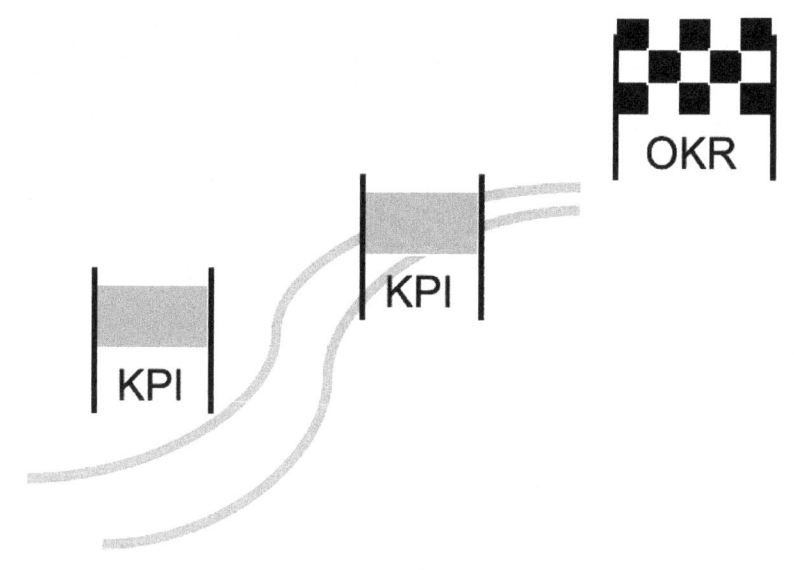

Visionsgetriebene OKR

- **Möglichkeit 2: Zielgetriebene OKR**

In KPI-orientierten Organisationen kann OKR als Weg gesehen werden, um das Ziel der KPI zu erreichen. In diesem Falle sind die jährlichen KPI in Bezug auf Umsatz- oder Kundenzahlen das Endziel, welches wir im Auge behalten müssen. OKR, die wir uns mehrmals im Jahr setzen, können als der Weg gesehen werden, der uns zu unserem Ziel (KPI: X € Umsatz) führt. Über mehrere strategische und innovative OKR Zyklen wird also höchstwahrscheinlich unser Umsatz am Ende des Jahres gesteigert.

In diesem Szenario bietet es sich an, die KPI ebenso wie die OKR visuell darzustellen. Beispielsweise kann man neben oder unter der OKR-Liste eine Liste der wichtigsten Health Metrics anlegen.

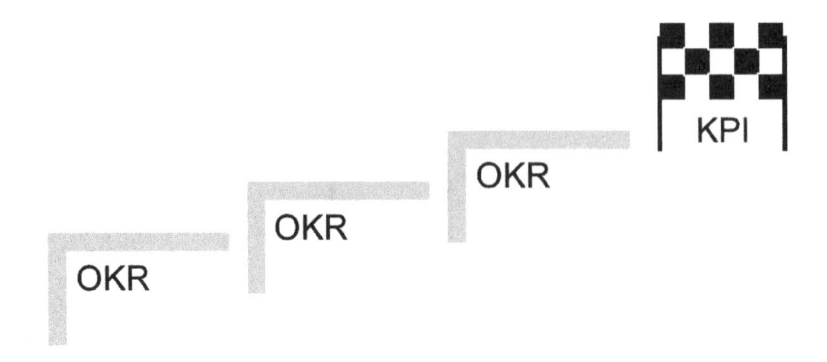

Zielgetriebene OKR

Es ist sehr gut möglich, OKR auch in KPI-starken Unternehmen einzusetzen, solange darauf geachtet wird, KPI und Key Results nicht miteinander zu vermischen. Somit behalten beide Kennzahlen-Typen ihre Daseinsberechtigung: Die KPI als immer gültige kritische Kennzahlen, die ultimativ erreicht werden müssen. Und OKR als kurzzeitig wichtige innovative Ziele, welche mehrmals pro Jahr neu definiert werden und den Weg zu den KPI bereiten, indem sie eine Möglichkeit bieten, Strategie nachhaltig umzusetzen.

5.1.3.5 Scoring

Auch das Scoring von Key Results (und somit indirekt von Objectives) hängt vom jeweiligen Unternehmenskontext ab. Folgende allgemein gültige Regel hat sich dabei etabliert:

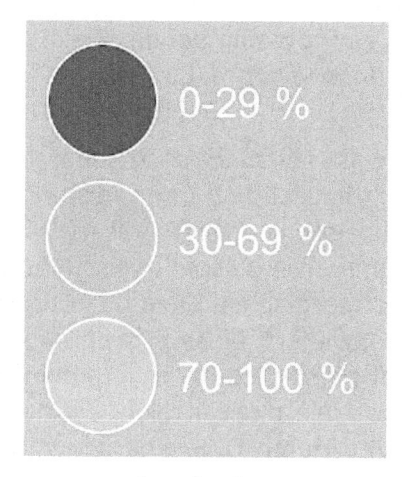

Ampelsystem

- 1,0 (oder 100%): Die Wertung 1 ist für ein Key Result sehr ambitioniert und somit oft nahe am Unmöglichen. Werden Key Results also dementsprechend formuliert, fördern sie sehr stark den Gedanken des "kritischen Hinterfragens" (Englisch: critical thinking).
- 0,7 (oder 70%): 0,7 ist meist das Level, welches noch als ambitioniert gilt, aber bereits sehr gut erreichbar ist. Werden Key Results also zu 70 Prozent erfüllt, so bedeutet dies oft, dass das Ziel erreicht ist (es wird also im Ampelsystem bereits grün).
- 0,3 (oder 30%): 0,3 stellt einen Schwellenwert dar. Ist ein Key Result zu 30 Prozent erfüllt, so würde dies bedeuten, dass eigentlich nicht wirklich viel Aufwand in die Zielerreichung investiert wurde. Es lief alles so, wie bisher. Im Ampelsystem liegt hier die Grenze zwischen rot und gelb.
- 0 (oder 0%): Ist ein Ziel zu 0% erfüllt, wurde überhaupt nicht an diesem Thema gearbeitet. Es gilt herauszufinden, wo die Barrieren lagen (Gab es zu viele

Ziele, gab es Probleme bei der Zielerreichung, liegen andere Gründe vor?).

Das OKR Framework soll nicht dazu genutzt werden, Mitarbeiter persönlich hinsichtlich ihrer Leistung zu beurteilen. Diese Begrifflichkeiten kennt man oft noch aus den klassischen Zielsystemen, wie beispielsweise MbO. Bei OKR geht es rein um die strategischen Ziele des Unternehmens und der Teams und inwiefern diese erreicht wurden. Mitarbeiter werden nicht persönlich dafür verantwortlich gemacht, wenn bestimmte Ziele nicht erreicht worden sind. Im Gegensatz dazu wird durch OKR eine allgemeine Feedback- und Fehlerkultur gefördert.

OKR ist unter anderem aus diesen, aber auch aus anderen Gründen nicht an extrinsische Anreize, wie zum Beispiel finanzielle Bonussysteme, gekoppelt.

Einerseits gibt es Studien, die belegen, dass langfristige intrinsische Motivation nicht mit extrinsischen Anreizen zu erreichen ist, sondern sogar eher zurück geht. [1]. Andererseits soll OKR die Teamarbeit und den Kollaborationsgedanken fördern und egoistische Leistungsanreize ausblenden. Außerdem sollen die Ziele ambitioniert, inspirierend und auch motiviert formuliert werden. Kein Mitarbeiter würde sein Ziel höher stecken, als er es erreichen kann, wenn Geld daran geknüpft wäre - dies liegt nunmal in der Natur und an den Bedürfnissen der Menschen.

5.1.4 Die Events des OKR Frameworks

Im OKR Framework sind vier Events von großer Bedeutung: Das OKR Planning, das Weekly OKR, das OKR Review und

---

[1] Deci E. L.: Intrinsic Motivation, 1972; Deci et al.: Extrinsic Rewards and Intrinsic Motivation, 2001; Lin: Effects of extrinsic and intrinsic motivation, 2007

die OKR Retrospektive. All diese Events erfüllen einen bestimmten Zweck und können in ihrer Ausgestaltung zwar individualisiert, aber nicht komplett eliminiert werden.

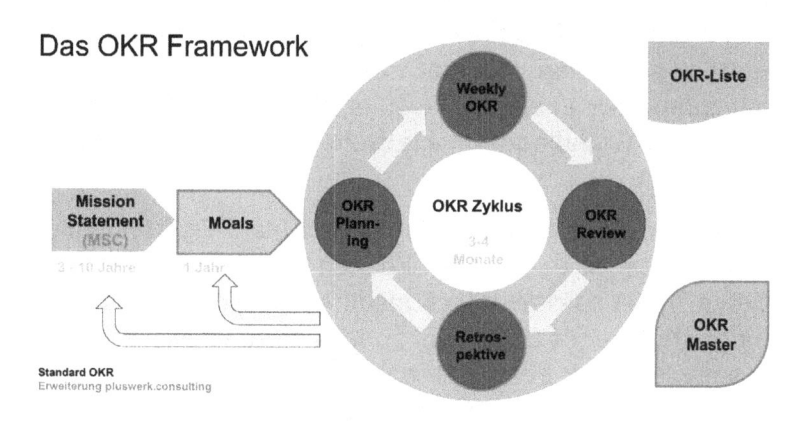

Das OKR Framework

Events im OKR Framework

5.1.4.1 OKR Planning

Das OKR Planning legt als erstes Event den Fokus auf die nächsten operativen Schritte. Dieses Event findet jeweils direkt zu Anfang oder kurz vor Beginn eines neuen OKR Zyklus statt und hat das Format eines Workshops. Je nach Erfahrung des jeweiligen Teams kann der Workshop bis zu mehreren Stunden dauern. Der oder die OKR Master moderieren und unterstützen die OKR Plannings, indem sie verschiedene Methoden und Kreativitätstechniken anwenden, mithilfe derer Ziele gefunden und formuliert werden können. Im OKR Planning werden die Objectives und Key Results für den neuen Zyklus definiert. Indem jedes Team im OKR Planning seine Ziele definiert, gibt es automatisch ein Commitment für diese Ziele ab.

OKR Plannings können auf verschiedenen Ebenen im Unternehmen stattfinden. Das erste Planning ist meist das

Unternehmens-OKR Planning. **In diesem Event entscheiden die Führungskräfte gemeinsam, welchen Themen sich das Unternehmen als Ganzes in den nächsten Monaten widmen sollte, um der Erreichung der Jahresziele und somit auch des Leitbilds einen Schritt näher zu kommen.** Hieraus entstehen maximal vier Unternehmens Objectives mit ihren jeweiligen Key Results. Die Unternehmens OKR bilden die Grundlage für alle weiteren OKR Plannings, die nun folgen.

Daran angeknüpft sind die jeweiligen Team-OKR Plannings. Je nachdem, wie viele OKR Ebenen im Unternehmen existieren, findet es eine unterschiedliche Anzahl an Team Plannings statt. Jedes OKR Team findet sich zu einem Workshop zusammen und bespricht das Unternehmensleitbild, die Moals und die Unternehmens OKR. Diese bilden die Grundlage, an der sich die Teams orientieren können. **Das Team als Einheit überlegt sich nun, was es in den nächsten Monaten zur Zielerreichung der Unternehmens Objectives beitragen kann.** Aus dieser Themensammlung heraus entstehen maximal vier Team Objectives, welche mithilfe mehrerer Key Results konkretisiert und quantifiziert werden.

Sollte sich das Unternehmen dazu entschließen, auch persönliche OKR einzuführen, wäre dies die letzte Ebene der OKR Plannings. Wir raten meist davon ab, direkt zu Beginn Mitarbeiter OKR zu definieren, da dies die Komplexität des OKR Systems deutlich erhöht und häufig einen negativen Einfluss auf den Teamgedanken hat. Persönliche Ziele überwiegen in der Motivation immer die Teamziele. OKR hingegen möchte eigentlich genau diesen Teamgedanken stärken. Teams schaffen in Zusammenarbeit oft mehr, als die Summe aller individuellen Mitarbeiter.

Nichtsdestotrotz kann es vorkommen, dass sich Organisationen mit etabliertem OKR Prozess für Mitarbeiter OKR entscheiden. In diesem Fall schließt sich dieses Planning direkt an das Team Planning an.

Nachdem die Mitarbeiter eines Teams gemeinsam die Team OKR definiert haben, **überlegt sich jeder Mitarbeiter, inwiefern er selbst die Team OKR unterstützen kann, und bildet hieraus seine eigenen Objectives und Key Results.** Wichtig ist hier, darauf zu achten, dass die Mitarbeiter OKR nicht den bekannten To-Do-Listen gleichen, sondern etwas mehr Spielraum lassen. Eine Möglichkeit ist auch, das Team gemeinsam entscheiden zu lassen, welche Mitarbeiter OKR sich für welches Teammitglied am besten eignen würden. Diese Herangehensweise erfordert einen gewissen "OKR Reifegrad" in diesem Team.

Am Ende der OKR Plannings existieren OKR Listen auf den verschiedenen Ebenen. Zunächst sind diese oft noch im Entwurfsmodus und müssen nochmals mit der jeweils höher liegenden Ebene, sowie mit horizontal liegenden Teams abgeglichen werden, um anschließend final formuliert zu werden.

5.1.4.2 Weekly OKR

Ist der Zyklus schließlich gestartet und alle Teams arbeiten an ihren OKR, so ist es wichtig, einen regelmäßigen Austausch und Statusabgleich der Teams zu fördern. Das Weekly OKR kann wöchentlich oder alle 14 Tage stattfinden und dient dem Zweck, im Team einen kurzen Abgleich zu schaffen, wie viel Prozent der Ziele bereits erreicht wurden und wo es mögliche Probleme geben könnte. Des Weiteren hilft dieses Event, das oft vom OKR Master moderiert wird, dabei, die Team OKR nicht in Vergessenheit geraten zu lassen. Jedes OKR Team, sowie das "Unternehmens OKR Team" (Führungskreis) sollten das Weekly OKR durchführen. Als Leitfragen zur Moderation kann Folgendes dienen:

- Was ist der Status unserer OKR, und gab es Schwierigkeiten?
- Was stand diese Woche an, was sich außerhalb der OKR bewegte?
- Was möchten wir als nächtes angehen bezüglich unserer OKR?
- Was steht in den nächsten vier Wochen an, auch außerhalb der OKR?

Für den OKR Master kann dieses Event wichtige Informationen liefern, da er hier herauslesen kann, ob es Impediments gibt, bei denen er behilflich sein kann.

5.1.4.3 OKR Review

Kurz vor Ende des Zyklus findet schließlich das OKR Review statt. Auch dieses Event wird für jedes OKR Team durchgeführt und vom OKR Master moderiert. Im Review geht es darum, welche Ziele zu welchem Erreichungsgrad abgeschlossen werden konnten. Anhand des Ampelsystems ist schnell ersichtlich, ob es Objectives gab, welche "untererfüllt" wurden. Hier kann der OKR Master dabei unterstützen, herauszufinden, ob diese Ziele weiterhin im Fokus bleiben sollten, oder ob sie während des Zyklus weniger wichtig wurden und sie deshalb nicht weiter verfolgt wurden.

5.1.4.4 OKR Retrospektive

Kurz nach dem OKR Review ist es für jedes der OKR Teams vonnöten, eine OKR Retrospektive abzuhalten. Auch diese wird vom OKR Master moderiert. In einer Retrospektive geht es nicht um die Zielerreichungsgrade, sondern um den OKR Prozess aus systemischer Sicht. Das Team evaluiert gemeinsam, was im vergangenen OKR Zyklus gut lief, was schlecht lief, und was verbessert werden sollte. Daraus entsteht ein Maßnahmenplan, wie das OKR System noch besser ans Unternehmen angepasst werden kann und wie das Team noch besser zusammenarbeiten kann. Nur, wenn Retrospektiven stattfinden, kann das OKR System im Unternehmen dem Prinzip der kontinuierlichen Verbesserung folgen. In diesem Event ist es sehr wichtig, dem Team einen geschützten Raum zu geben, sprich, Führungskräfte sollten hier nicht anwesend sein. Sollte es bestimmte Probleme oder Impediments während des Zyklus gegeben haben, die an den Führungskräften hingen, werden diese nur angesprochen, wenn die Teammitglieder sich "sicher" fühlen. Außerdem folgt die Retrospektive bestimmten Regeln. Unter anderem muss der OKR Master darauf achten, dass wertschätzend gesprochen wird und kein Individuum persönlich für etwas verantwortlich gemacht wird. Es wird stets davon ausgegangen, dass jeder sein Bestes gegeben hat. Am Ende des Meetings wird gemeinsam evaluiert, welche Informationen der OKR Master aus dem geschützten Raum heraustragen darf, um sie entsprechend zu adressieren.

Manchmal führen bestimmte Resultate und Einsichten, welche aus dem OKR Review und/oder der OKR Retrospektive kommen, dazu, dass das Unternehmensleitbild oder die Moals nachträglich nochmals angepasst werden.

Nach Durchführung des Reviews, der Retrospektive und daraus resultierenden Anpassungen des OKR Systems im Unternehmen, beginnt der OKR Zyklus von Neuem mit neuen OKR Plannings.

5.1.5 Die OKR Liste

Auf Basis der OKR Planning Workshops entsteht die OKR Liste als einziges Artefakt im OKR Framework.

Das OKR Framework

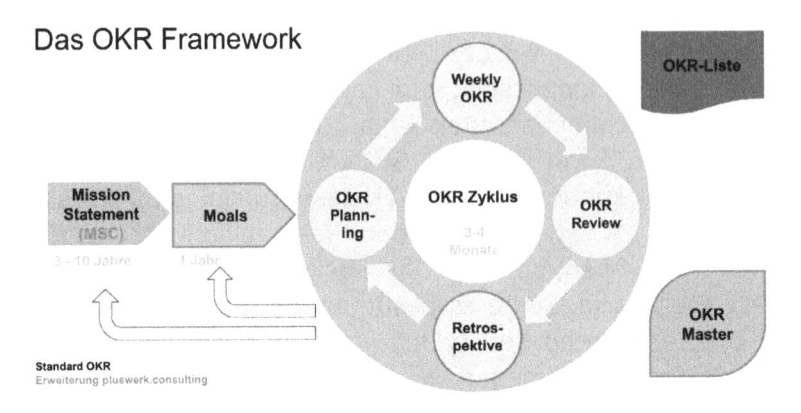

OKR Liste im OKR Framework

Hier sind die Objectives und Key Results aller Ebenen der Organisation abgebildet. Die OKR Liste soll ein lebendes Dokument werden. Die Key Results sollen von den Team stetig upgedatet werden. Außerdem soll die OKR Liste von jedem im Unternehmen einsehbar sein und sehr intuitiv bedienbar sein, denn sie dient auch der Identifikation von möglichen Synergien oder Konflikten zwischen einzelnen OKR Teams. Wird die Transparenz und Lebendigkeit der OKR Liste im Unternehmen gelebt, so kann eine zielgerichtete und übergreifende Kommunikation entstehen, die mögliche bisherige Silos aufbricht. Alle Teammitglieder eines OKR Teams sind dazu angehalten, ihre Key Results spätestens vor dem Weekly OKR anzupassen, um die Liste auf einem aktuellen Stand zu halten.

5.1.6 Der OKR Master

Der OKR Master spielt eine entscheidende Rolle im OKR System.

Das OKR Framework

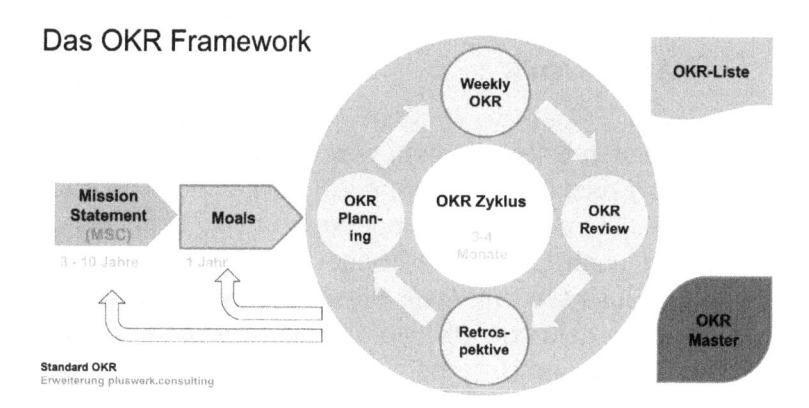

OKR Master im OKR Framework

Er ist zugleich OKR Experte, Coach der OKR Teams, Prozesswächter und Facilitator, sowie Change Agent des Veränderungsprozesses, der sich durch die OKR Einführung ergibt. Innerhalb dieser Rollen dient er als Servant Leader den Mitarbeitern und letztendlich auch dem OKR Framework, indem er sein Mindset und sein Handeln auf die Einführung und Verbesserung von OKR im Unternehmen ausrichtet.

Die Arbeit des OKR Masters ist weitreichend, weshalb er viele Fähigkeiten benötigt. Er moderiert Workshops, achtet darauf, dass der Prozess und die Events eingehalten werden, steht Mitarbeitern als Coach im OKR Prozess zur Seite und löst Impediments und Probleme.

Der OKR Master wird mit seinen Rollen in Kapitel 6 detailliert beschrieben.

5.2 Die verschiedenen Ebenen im OKR Framework

In den meisten Unternehmen, welche OKR nutzen, gibt es mindestens zwei OKR Ebenen: die Unternehmens OKR und Team OKR. Je nach Größe und Struktur der Organisation kommt oft noch eine dritte Ebene hinzu: Die Abteilungs/ Bereichs/ Business Unit OKR. Diese leiten sich unmittelbar aus den Unternehmens OKR ab und bilden eine Verbindung zwischen Team und Unternehmens OKR.

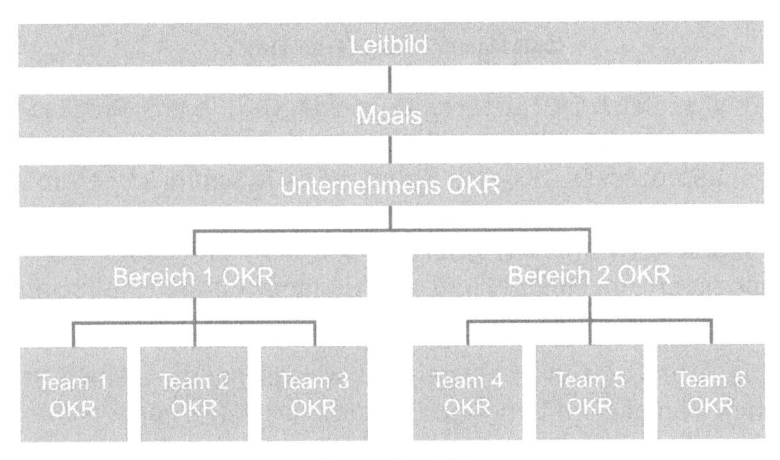

```
                    Leitbild
                       |
                     Moals
                       |
                Unternehmens OKR
                ┌──────┴──────┐
          Bereich 1 OKR    Bereich 2 OKR
          ┌─────┼─────┐   ┌─────┼─────┐
       Team 1 Team 2 Team 3 Team 4 Team 5 Team 6
        OKR    OKR    OKR    OKR    OKR    OKR
```

Ebenen im OKR

5.2.1 Unternehmens OKR

Die Unternehmens OKR werden im Führungskreis (oft auch mit Unterstützung der Bereichs- oder Abteilungsleiter) direkt aus dem Unternehmensleitbild und den Moals abgeleitet. Im OKR Planning wird reflektiert, was man sich für das Jahr vorgenommen hat (Moals) und was davon für die nächsten paar Monate im Fokus stehen sollte (OKR). Das Leitbild und auch die Moals sollten dabei für jeden allgemein verständlich sein. Ist diese Basis nicht gegeben, wird die Qualität und Sinnhaftigkeit der OKR darunter leiden.

Die Unternehmens OKR sollten recht abstrakt und mit viel Spielraum formuliert sein. Je detaillierter sie sind, desto weniger Freiraum haben die untergeordneten Ebenen bei ihrer eigenen Zieldefinition. Pro OKR Zyklus kann es zwischen einem und vier Objectives geben. Zu jedem Objective können ein bis vier Key Results definiert werden.

> Unternehmens Objective: Den französischen Markt erobern; Unternehmens Key Result 1: Steigerung an Neukunden von 50%; Unternehmens Key Result 2: Etablierung von mindestens 2 unserer Kernprodukte; ...

5.2.2 Team OKR

Die einzelnen Teams bekommen folgende Orientierungshilfen: Das Unternehmensleitbild, die Moals und die Unternehmens OKR. Falls es Bereiche oder Abteilungen gibt, werden deren OKR Listen als Orientierungshilfe genutzt. Liegt dies alles vor, treffen sich die Teammitglieder eines OKR Teams und arbeiten gemeinsam die Themen heraus, die sie in den nächsten Monaten angehen möchten, um die Unternehmensziele zu unterstützen.

Die Team OKR sind um einiges detaillierter als die Unternehmens OKR, denn hier haben sich die Teams bereits Gedanken gemacht, was sie konkret unternehmen können, um die Ziele zu erreichen. Pro OKR Zyklus und pro Team kann es zwischen einem und vier Objectives geben. Zu jedem Objective können ein bis vier Key Results definiert werden.

> Team Marketing Objective: Die französische Bevölkerung von uns begeistern; Team Marketing Key Result 1: 5 verschiedene Marketing Kampagnen in Frankreich durchführen; Team Marketing Key Result 2: 3 erfolgreiche A/B Tests der französischen Website durchführen ...

> Team HR Objective: Gründung eines super Teams in Frankreich; Team HR Key Result 1: 2 Mitarbeiter für Sales und Marketing erfolgreich einstellen; Team HR Key Result 2: 3 der bisherigen Mitarbeiter erfolgreich im Frankreich-Team onboarden ...

5.2.3 Das Zusammenspiel der Ebenen / Alignment

Bezüglich des Zusammenspiels der Ebenen, bzw. des Alignments gibt es zwei verschiedene Richtungen, wobei bei OKR beiden eine große Bedeutung zukommt: Das vertikale Alignment und das horizontale Alignment. Der OKR Master ist in seiner Rolle unter anderem dafür verantwortlich, sicherzustellen, dass beide Richtungen des Alignments in den OKR Listen beachtet werden und zu finden sind.

5.2.3.1 Vertikales Alignment

Bei vertikalem Alignment geht es darum, dass die Team OKR und die Unternehmens OKR zueinander passen. Sprich, die Team OKR sollten von den Unternehmens OKR abgeleitet werden und im Umkehrschluss sollte der Führungskreis bei der Erstellung der Unternehmens OKR darauf achten, dass diese zu den Inputs und Wünschen der Teams passen.

Teams müssen sich allerdings nicht nur an den Bereichs, oder Unternehmens OKR orientieren. Es kann durchaus vorkommen, dass ein spezielles Team nicht auf die Unternehmens OKR, dafür aber auf die Moals einzahlen kann. Dementsprechend ist das vertikale Alignment sehr vielschichtig.

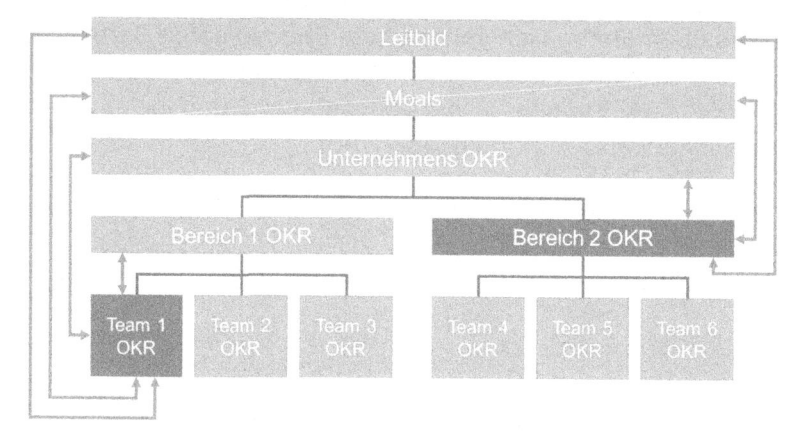

Vertikales Alignment

Im Bild ist zu sehen, dass Team 1 sich bei der Definition seiner OKR sowohl an den OKR seines Bereichs 1, als auch an den Unternehmens OKR und auch an den Moals und dem Leitbild orientieren kann. Bereich 2 kann sich entsprechend bei der Definition seiner OKR an den Unternehmens OKR, den Moals oder sogar am langfristigen Leitbild ausrichten.

Der OKR Master sollte im OKR Planning jeweils darauf achten, dass vertikales Alignment beachtet wird.

5.2.3.2 Horizontales Alignment

Neben dem vertikalen Alignment ist bei OKR das horizontale Alignment nicht zu vergessen.

Kern des horizontalen Alignments ist die Ausrichtung an anderen Teams oder Bereichen auf derselben Ebene. Ein Team 1 sollte also bei der Erstellung seiner OKR nicht nur die Bereichs- und Unternehmens OKR im Blick haben, sondern auch darauf achten, was die anderen Teams auf der selben Ebene sich vornehmen. Ebenso sollte Bereich 2 bei der Definition seiner OKR im Planning auch beachten, welche OKR Bereich 1 für sich definiert, und ob es hier möglicherweise Abhängigkeiten gibt.

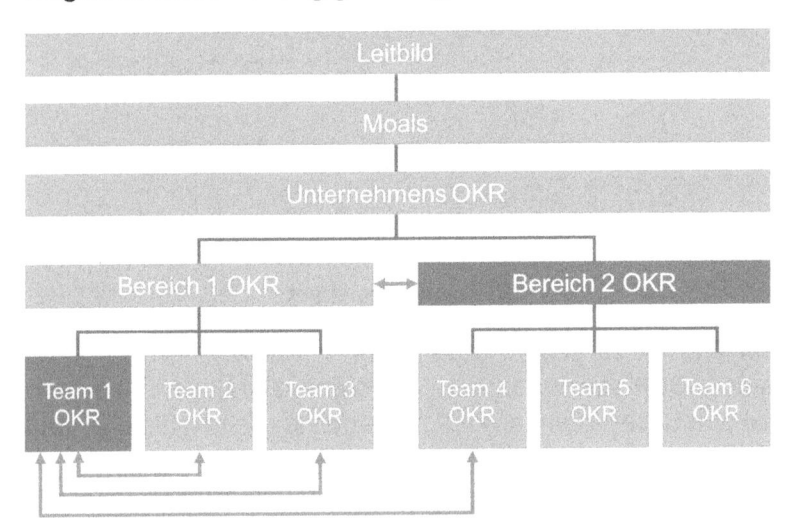

Horizontales Alignment

Auch auf diese Richtung sollte der OKR Master im OKR Planning achten und die Teams darauf hinweisen. Hier kommt auch einem Abstimmungstreffen aller OKR Master im Unternehmen eine große Bedeutung zu, denn dies stellt einen idealen Rahmen dar, um das horizontale Alignment sicherzustellen. Indem alle OKR Master sich bezüglich aller Team OKR austauschen, können Abhängigkeiten, Synergien oder Konflikte schnell identifiziert und adressiert werden.

Horizontales Alignment ist für ein Unternehmen sehr wertvoll. Es erleichtert die Kommunikation einzelner Teams und vereinfacht es, Synergieeffekte sichtbar zu machen und diese letztendlich auch zu nutzen. Horizontales Alignment ist ein Treiber der unternehmensweiten Transparenz. Sind alle Team OKR transparent, und passen auch noch perfekt zueinander (sind also aligned), so sind die wichtigsten Weichen gestellt, um die Organisation mit einer hohen Geschwindigkeit vorwärts in die gewünschte Richtung zu bringen.

5.3 Die Einführung des OKR Frameworks

Die Einführung von OKR in Unternehmen kann je nach Unternehmensgröße und agilem Reifegrad sehr komplex werden. Die Einführung eines neuen Systems ändert bisherige Systeme, Arbeitsweisen, Unternehmenskultur und vorherrschende Werte, weshalb es sich immer um einen Veränderungsprozess handelt. Die Prinzipien des Change Managements im Rahmen einer OKR Einführung werden in Kapitel 6 näher beleuchtet. Grundsätzlich kann bei der OKR Einführung nach folgenden Schritten vorgegangen werden:

1. Grund definieren
2. Rollen definieren
3. Rahmenparameter definieren
4. Kommunikation beginnen
5. Trainings durchführen
6. OKR erstellen
7. Review durchführen
8. Retrospektive durchführen

5.3.1 Grund definieren

Bevor das OKR Framework im Unternehmen eingeführt wird, ist es elementar, sich über den Grund dieses Vorgangs Gedanken zu machen. **Warum möchten wir OKR einführen? Was erhoffen wir uns hiervon? Was soll sich dadurch ändern/ verbessern?**

Diese Fragen sind der Ausgangspunkt des gesamten Prozesses, da das OKR Framework je nach Schwerpunkt angepasst werden kann. Außerdem ist es für die Mitarbeiter einer Organisation sehr wichtig, dass ein Grund für die anstehende Veränderung genannt wird, mit dem sich jeder identifizieren kann.

Oft genannte Gründe sind:

- *Wir möchten unsere Transparenz verbessern.*
- *Wir müssen uns in Zukunft besser fokussieren.*
- *Wir möchten unsere Ziele in kürzeren Abständen definieren können, da sich unsere Branche schnell verändert.*
- *Wir möchten agiler werden, auch bei Strategie und Zielen.*

Es gibt noch andere, dabei vielfältige Gründe für eine Einführung von OKR. Wichtig ist, dass diese Zielsetzung zu Beginn klar definiert wird.

Schlechte Gründe sind:

- *Wir möchten sein wie Google.*
- *Wir haben gehört, es macht erfolgreich.*
- *Wir sind ein Tech-Unternehmen, das passt doch.*

Die oben genannten Gründe sind "schlecht", da sie sich nicht mit dem eigenen Unternehmenskontext befassen. Kein Unternehmen wird jemals so sein wie Google und man wird auch nicht plötzlich erfolgreich, nur, weil man beschließt, nun OKR zu "machen". OKR kann einem dabei helfen, bestimmte Ziele zu erreichen, da es den Rahmen dafür setzt, es ist aber kein Wunderheilmittel. Was genau diese Ziele sind, muss im eigenen Unternehmenskontext definiert werden.

5.3.2 Rollen definieren

Ist man sich über den Grund der OKR Einführung einig, gilt es, bestimmte Rollen festzulegen: Wer soll verantwortlich sein für das "Projekt OKR Einführung", wer sind die relevanten Stakeholder und wie sehen das die Mitarbeiter? Wer genau soll im Führungskreis für die Unternehmens OKR sitzen und wie könnten die OKR Teams aussehen? Wer möchte OKR Master sein?

5.3.3 Rahmenparameter festlegen

Schließlich geht es an die einzelnen Elemente des OKR Frameworks. Hierzu ist es sehr wichtig, die eigene Unternehmenskultur zu analysieren und sich zu überlegen, welche Ausgestaltung des OKR Systems am meisten Sinn macht und am besten passt. Im Wesentlichen geht es darum, festzulegen, wie OKR im Unternehmen aussieht und gelebt wird.

Wie sollen die OKR Teams aussehen? Wie lange soll unser Zyklus dauern? Wie sehen die Kommunikationswege aus? Wie sollen Zielkaskaden ausgestaltet werden? Wie viel soll Top-Down und Bottom-Up sein? Wie viel "Strategie" vs. "Tagesgeschäft" soll in den OKR vertreten sein? Wer soll alles OKR nutzen? Gibt es zunächst ein Pilotprojekt? In welche Richtung möchten wir OKR ausgestalten? Etc. etc.

5.3.4 Kommunikation beginnen

Nun ist es an der Zeit, eine Kommunikationskampagne zu starten. Auch diese sollte zum eigenen Unternehmenskontext passen und natürlich wirken. Die Mitarbeiter sollten informiert und wenn möglich sogar einbezogen werden in den Entwicklungsprozess. Je mehr sie mit eingebunden werden, desto positiver wird die Einstellung gegenüber der Veränderung sein. Verschiedene Kommunikationswege und -zwecke sollten abgedeckt werden. Neben der Tatsache der OKR Einführung und des Grunds hierfür sollten unbedingt auch das Unternehmensleitbild und die Moals allgegenwärtig sein.

5.3.5 Trainings durchführen

Es gibt verschiedene Arten von OKR Trainings, welche in Unternehmen durchgeführt können und sollten. Nur über eine wirkliche Qualifizierung entwickeln Mitarbeiter eine Akzeptanz und Motivation für das neue System. Außerdem kann so sichergestellt werden, dass jeder weiß, worum es bei OKR geht, und, wie man das System "nutzt".

- **OKR Mastertraining**: Hier werden die OKR Master im Unternehmen mit einer hohen Detailtiefe ausgebildet. Sie erlernen neben grundsätzlichen Inhalten und Hintergründen von OKR auch verschiedene Methoden, wie Objectives und Key Results gefunden und formuliert werden können. Außerdem werden sie mit Themen, wie Stakeholder Management oder Change Management vertraut gemacht.
- **Basistraining für die Mitarbeiter**: Es ist sehr wichtig, dass die Mitarbeiter gleich zu Beginn eine Kurzschulung erhalten, die ihnen näher bringt, was es mit dem OKR System auf sich hat und wie der Prozess ablaufen wird. Dies nimmt ihnen die erste Unsicherheit in Bezug auf das neue System.
- **Führungskräftetraining**: Auch Führungskräfte müssen geschult werden, denn auch für sie bringt das OKR System Änderungen mit sich. Sie müssen vor allem wissen, was OKR für ihre Mitarbeiter bedeutet und wie

die Rahmenparameter des Frameworks für das Unternehmen ausgestaltet werden. Außerdem werden die Führungskräfte die Unternehmens OKR definieren und formulieren, weshalb auch hier ein Training angebracht ist.

5.3.6 OKR erstellen

Nun ist es Zeit, in den ersten Zyklus zu starten. Dieser startet mit der Definition des Leitbilds und der Moals und geht anschließend in das Unternehmens OKR Planning über. Sind diese formuliert, können die Teams ihre OKR Plannings durchführen und ihre ersten OKR Listen füllen. Außerdem wird festgelegt, welcher OKR Master für welche Teams zuständig ist und, wann jeweils die Weekly Events stattfinden sollen. Die Arbeit an den ersten OKR beginnt.

5.3.7 Review durchführen

Gegen Ende des ersten Zyklus steht das erste OKR Review an. Wie viel Prozent der Ziele wurden erreicht? Wie kamen die Teams mit den Zielformulierungen zurecht? War der Fokus richtig gesetzt? Die Erkenntnisse aus dem ersten Review fließen direkt mit in die OKR Retrospektive ein.

5.3.8 Retrospektive durchführen

Nun steht die erste OKR Retrospektive an. Wie hat der erste OKR Zyklus funktioniert? Wie fühlte sich der OKR Prozess an? Wie gut waren die OKR formuliert? gab es irgendwo große Probleme? Wie könnte der Prozess für den nächsten Zyklus verbessert werden? Werden weitere Trainings benötigt?

Die Ergebnisse aus Review und Retrospektive fließen zusammen und es muss überlegt werden, an welchen Stellschrauben zuerst gedreht werden soll. Wichtig ist, niemals zu viel gleichzeitig zu ändern, da man sonst positive sowie negative Effekte einer Anpassung nicht mehr nachvollziehen kann.

5.3.9 Häufige Fehler

Natürlich läuft eine OKR Einführung mit all ihrer Komplexität nie ganz reibungslos ab. Die häufigsten und größten Fehler können allerdings vermieden werden, wenn man sie im Auge behält:

- **Fehlendes Executive Sponsoring**: Die Einführung eines Systems, wie OKR, kann schnell scheitern, wenn das Management nicht dahinter steht. OKR hat einen Einfluss auf die Arbeitsweise der Teams und auch auf die zeitlichen Ressourcen der Mitarbeiter. Außerdem benötigt die Befolgung des OKR Prozesses eine gewisse Disziplin, die schnell vernachlässigt wird, wenn die Führungskräfte sie nicht leben.
- **Fehlende Transparenz**: Transparenz ist einer der Kernwerte von OKR, ohne die OKR seinen Zweck nicht erfüllt. Auch die Motivation der Teams würde unter fehlender Transparenz leiden. Indem die Unternehmensziele und Ziele anderer Teams transparent gemacht werden, lebt das OKR System im Unternehmen und spornt die Teams gegenseitig an. Auch die erhofften Synergieeffekte bleiben bei fehlender Transparenz aus.
- **OKR ohne OKR Master**: Die Einführung und Durchführung des OKR Frameworks kann zunächst komplex sein und hat vor allem eine vielschichtige Veränderung im Unternehmen inne. Es müssen also zwingend

verschiedene Personen in der Organisation existieren, welche für das Thema und den Prozess, sowie die Mitarbeiter und ihre Sorgen verantwortlich sind und sich darum kümmern. In seinen unterschiedlichen Rollen dient der OKR Master einerseits als Experte, der das OKR Framework passend zur Organisation ausgestalten kann, andererseits aber auch als Coach und Trainer. Des Weiteren achtet er darauf, dass die Teams die Events des Prozesses einhalten und OKR nicht in Vergessenheit gerät. Nicht zuletzt achtet er sehr sensibel auf den Veränderungsprozess und die sich daraus ergebenen Dynamiken. Dies wird näher in Kapitel 6 erläutert.

- **Kein Fokus**: Die Effektivität von OKR lebt davon, dass sich das Unternehmen bewusst auf wenige wichtige Themen pro Zyklus fokussiert. Dasselbe gilt für die Teams. Werden pro Zyklus zu viele Objectives definiert, so bleibt der Effekt aus, denn meist fehlt es dann an Ressourcen, die Fülle an Themen abzuarbeiten und am Ende des Zeitraums sind die Ziele nur bis zu einem geringen Zielerreichungsgrad geschafft. Dies hat neben der Ineffektivität auch einen negativen Einfluss auf die Motivation.
- **Nur Top-Down oder nur Bottom-Up**: Wenn OKR nur Top-Down gelebt wird, geht das Commitment der Teams verloren. Denn diese fühlen sich nur für ihre Ziele verantwortlich und wirklich dafür "committed", wenn sie sich diese auch selbst setzen dürfen. Damit einher geht die intrinsische Motivation, die auch untergeht, sobald Teams ihre Ziele vorgesetzt bekommen. Anders herum - wenn Ziele, auch Unternehmensziele, ausschließlich Bottom-Up definiert werden, kann die langfristige Orientierung der Vision und Strategie der Organisation untergehen. Aus diesem Grund ist es die Mischung aus Top-Down und Bottom-Up, die den

Erfolg von OKR ausmacht.

- **"Falsche" Kennzahlen in den Key Results**: Werden KPI, oder Lag Measures, in die Key Results geschrieben, so wirkt sich dies negativ auf OKR aus, denn es unterbindet den kurzfristigen, innovativen und motivierenden Charakter von OKR. Teams werden dazu angehalten, sich für die Key Results Aktivitäten und passende Kennzahlen zu überlegen, welche sie direkt beeinflussen können und welche eine vorhersehbare Wirkung auf die langfristigen Ziele haben. Nur dies ist sinnvoll und motivierend.
- **Zu viel Tagesgeschäft in den OKR**: Objectives und Key Results werden eingesetzt, um die Strategie durch das gesamte Unternehmen ausführen und umsetzen zu können. Dies entspricht nicht dem Tagesgeschäft, sondern es handelt sich um Ziele und Aktivitäten, welche die strategische Weiterentwicklung der Organisation unterstützen.
- **Visionslose und ambitionslose Zielerreichung**: Nur Ambition führt dazu, dass man über sich hinauswächst, um etwas zu erreichen. Aufgrund dessen sollten Teams stets versuchen, ihre Ziele ambitioniert zu formulieren. Des Weiteren sollen die Objectives und Key Results aller Teams natürlich dazu führen, das Unternehmen ein Stück näher zur Erreichung der Vision zu bewegen. Dementsprechend müssen die OKR natürlich an der Vision und den Unternehmenszielen ausgerichtet sein.
- **Fehlende Disziplin**: Der OKR Prozess kann nur funktionieren, wenn die für das Unternehmen festgelegten Rahmenparameter eingehalten werden. Die Events (Planning, Weekly, Review und Retrospektive) sind ebenso wichtig, wie die richtige Formulierung der Objectives und Key Results. Ohne Weekly kann es bei-

spielsweise schnell passieren, dass OKR im Trubel des Tagesgeschäfts untergeht. Ohne Retrospektive kann sich der OKR Prozess im Unternehmen nicht kontinuierlich verbessern und ohne Review ist unklar, welche Ziele denn nun erreicht wurden und was mit den fertigen Projekten/ Produkten/ Dokumenten/ ... geschieht. Ohne Planning werden die Objectives und Key Results gar nicht erst formuliert.
- **Zu wenig auf Kultur und Changeprozess achten**: Für die Ausgestaltung des OKR Prozesses und für eine sensible und erfolgreiche Einführung ist es sehr wichtig, auf die Unternehmenskultur zu achten. Nicht jede Ausgestaltung der einzelnen Parameter passt zu jeder Unternehmenskultur. Außerdem ist eine OKR Einführung ein Changeprozess, welcher Beachtung finden sollte. Dies zu ignorieren, kann OKR zum Scheitern bringen.

6. Der OKR Master

> „OKR organisiert sich nicht selbst. Am Ende ist eine OKR Einführung von den Menschen abhängig, die es umsetzen. Dazu braucht es eine zentrale Rolle." (Patrick Lobacher)

OKR ist ein Framework, welches den perfekten Rahmen für Selbstorganisation und mehr Commitment für das Thema Zielvereinbarung bildet - Soweit so gut. Doch dabei gibt es einen Haken: OKR organisiert sich nicht selbst. Wenn ich den perfekten Fussballplatz, die neuesten Fußballschuhe, hoch modernisierte Fussbälle und eine nagelneue Stadionbeleuchtung habe, entsteht noch nicht automatisch ein perfektes Fußballspiel. Am Ende ist eine OKR Einführung, wie ein Fußballspiel auch, von den Menschen abhängig, die es umsetzen. Dazu braucht es eine zentrale Rolle, die sich darum kümmert, dass es eben nicht nur bei den perfekten Rahmenbedingungen bleibt, sondern OKR mit Leben gefüllt wird.

Die Einführung von neuen Methoden in einem Unternehmen ist nicht nur ein rationaler Prozess. Es gibt eine Reihe von Hürden, die diesen Weg als sehr lang und anspruchsvoll darstellen lassen. Allein die Einführung von etwas Neuem ist zunächst für jeden Mitarbeiter etwas unangenehmes. Im Allgemeinen sprechen wir hier von einem Change Prozess.

Doch was bedeutet "Change" oder "Change Prozess" eigentlich? Wir Menschen mögen keine Veränderungen! Das ist zunächst vollkommen unabhängig davon, ob dies für das Berufsleben oder das Private gilt. Denken Sie einfach mal an ihre alltäglichen Gewohnheiten. Das kann der Routine Kaffee jeden Morgen um 08:00 Uhr sein, der Mittagsschlaf um 12:00 Uhr oder die Tüte Chips Abends vor dem Fernseher. Wenn ihnen jetzt jemand einen komplett anderen Tagesablauf vorstellt, dann würden Sie vermutlich nicht sofort "Hurra" schreien. Und das ist vollkommen unabhängig davon, ob die Änderungen sinnvoll sind, sich positiv auf ihre Gesundheit auswirken oder andere gute Auswirkungen für Sie haben. Menschen denken und leben in Routinen und festen Mustern. Alles was diese Muster angreift, wird zunächst als Störung wahrgenommen.

Die Einführung von OKR bildet dabei keine Ausnahme. Jede OKR Einführung "stört" in der Wahrnehmung der Mitarbeiter das feste Ordnungsmuster, welches sich etabliert hat, unabhängig ob dies gut oder schlecht ist.

Anfängliche Zweifel sind also völlig natürlich. Das knifflige an dieser Situation ist, dass der Ursprung dieser Zweifel von Mitarbeiter zu Mitarbeiter verschieden sein kann. Der eine hat vielleicht Angst um seine Position als Führungskraft (schließlich wird viel von Selbstorganisation gesprochen). In diesem Fall, ist es völlig egal, ob der Mitarbeiter die Notwendigkeit der neuen Methode verstanden und auch ob er das notwendige Wissen für das Thema OKR schon hat. Die Angst um den Verlust seiner Führungsposition lässt alles andere in den Hintergrund rücken und wird ihn unbewusst zum großen Gegner des Wandels machen. Ein anderer Mitarbeiter ist vielleicht einfach ungern einer der First-Mover und wartet lieber ab, wie seine Kollegen der neuen Methode gegenüberstehen. Ein dritter Mitarbeiter hat womöglich ein paar negative Aspekte zum Thema OKR gehört und bei ihm ist vielleicht einfach wichtig Missverständnisse aufzuklären. Dazu gibt es auf der Teamebene Konflikte die bereits seit längerem existieren, das gesamte Team belasten und deshalb zu einem unbefriedigendem Output führen.

Eine große Rolle spielt zudem die Unternehmenskultur. Herrscht beispielsweise eine Kultur, in der Fehler ein absolutes "No-Go" sind (eine sogenannte Null-Fehler-Kultur), hat die Einführung einer neuen Methode keine Aussicht auf Erfolg. Die Angst der Mitarbeiter etwas Falsches zu sagen oder zu machen fehlen ebenso, wie der notwendige Mut und die Experimentierfreude. In diesem Szenario werden die Mitarbeiter versuchen, auf altbewährte Gewohnheiten zu vertrauen, da sie in der Vergangenheit dazu geführt haben, keine negativen Konsequenzen zu befürchten, ganz getreu dem Motto "Never change a winning team" (unabhängig davon, ob das Team wirklich "winning" war). Dies war nur ein sehr kleiner Auszug aus den Aufgaben, die zu lösen sind, wenn ein Unternehmen sich entschließt OKR einzuführen.

Implementierung: Kontext

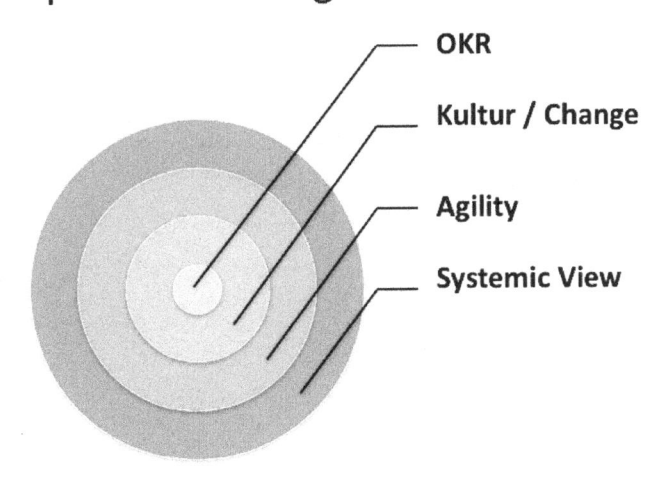

- OKR
- Kultur / Change
- Agility
- Systemic View

Der systemische Ansatz

Der OKR Master als entscheidende Rolle für eine gelungene Einführung!

All diese Aspekte mögen wie eine Art "Worst-Case" oder ein Horrorszenario klingen. Sie sind jedoch völlig normale und natürliche Begleiterscheinungen eines "Change Prozesses". Damit OKR trotzdem zum Erfolgsfaktor in ihrem Unternehmen wird, gibt es eine ganz entscheidende Rolle im Framework: Den OKR Master. Der OKR Master ist der wesentliche Erfolgsfaktor. Ist seine Rolle adäquat besetzt, so steht einer erfolgreichen Einführung so gut wie nichts mehr im Weg. Der Umgang mit den zuvor angesprochenen Hindernissen ist jedoch nur eine Facette dieser vielschichtigen Rolle. Mit all seinen Ausprägungen ist der OKR Master der Innovationsmotor auf dem Weg zur agilen Mitarbeiterführung. Er lebt den agilen Gedanken vor, antizipiert Hindernisse frühzeitig und wacht zudem stets über den gesamten Prozess, für welchen er selber ausgewiesener Experte ist. Um die Rolle des OKR Master etwas greifbarer zu machen, unterscheiden wir fünf Facetten.

- Der OKR Master als Coach
- Der OKR Master als Experte (Vorbild)
- Der OKR Master als Prozesswächter
- Der OKR Master als Change Agent
- Der OKR Master als Facilitator

Framework: OKR-Master

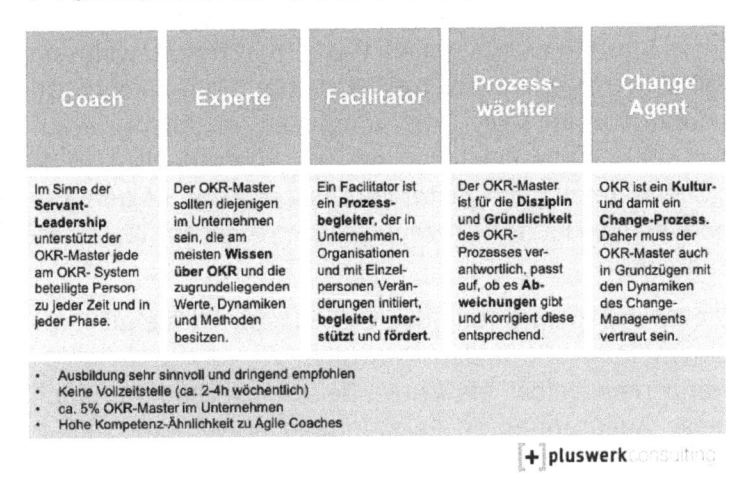

Coach	Experte	Facilitator	Prozess-wächter	Change Agent
Im Sinne der **Servant-Leadership** unterstützt der OKR-Master jede am OKR-System beteiligte Person zu jeder Zeit und in jeder Phase.	Der OKR-Master sollten diejenigen im Unternehmen sein, die am meisten **Wissen über OKR** und die zugrundeliegenden Werte, Dynamiken und Methoden besitzen.	Ein Facilitator ist ein **Prozess-begleiter**, der in Unternehmen, und mit Einzelpersonen Veränderungen initiiert, **begleitet, unterstützt und fördert**.	Der OKR-Master ist für die **Disziplin** und **Gründlichkeit** des OKR-Prozesses verantwortlich, passt auf, ob es **Abweichungen** gibt und korrigiert diese entsprechend.	OKR ist ein **Kultur-** und damit ein **Change-Prozess**. Daher muss der OKR-Master auch in Grundzügen mit den Dynamiken des Change-Managements vertraut sein.

- Ausbildung sehr sinnvoll und dringend empfohlen
- Keine Vollzeitstelle (ca. 2-4h wöchentlich)
- ca. 5% OKR-Master im Unternehmen
- Hohe Kompetenz-Ähnlichkeit zu Agile Coaches

[+] pluswerk consulting

Die Rollen des OKR Master

In seiner ersten Ausprägung als **Coach** begleitet der OKR Master das Team in der herausfordernden Einführungsphase von OKR. Seine Erfahrung mit dem Framework und seine Akzeptanz im Team nutzt er dabei um dem Team zu helfen neue Muster zu entwickeln und um es stets vor dem Zurückfallen in alten Gewohnheiten zu schützen.

Die Arbeit eines OKR Masters unterscheidet sich dabei grundlegend davon, ob er ein unerfahrenes oder ein erfahrenes Team betreut. Bei einem unerfahrenem Team ist es wichtig die Prinzipien und die Bedeutung jedes einzelnen Aspektes von OKR zu vermitteln, ganz wie ein Basketball Coach, der sein Team auf die Saison einstellt. Er zeigt dem Team seine Vorstellung von einem perfekten Basketballspiel. Er muss dabei nicht nur verschiedene neue Spielzüge beibringen und üben, sondern vor allem den Sinn hinter den einzelnen Aktionen vermitteln, damit später im wirklichen Spiel, wenn das Team auf sich allein gestellt ist, jeder weiß, worauf es ankommt.

Bei einem erfahrenem Team sieht das völlig anders aus. Diese Situation ist mit einem Basketball Trainer während der Saison zu vergleichen. Das Team hat die Grundkenntnisse bereits voll im Blut. Jetzt kommt es vor allem darauf an, das Team zu beobachten und Teile zu entdecken, in denen sich das Team noch weiter verbessern kann. Es geht darum, nochmal die letzten Prozent Leistung aus dem Team herauszuholen.

Die zweite Ausprägung des OKR Master ist die als **Experte**. Einem Team die agilen Prinzipien zu vermitteln geht nur, wenn man selbst als gutes Beispiel vorangeht. Auch für diese Ausprägung ist es zwingend notwendig, selbst das OKR Framework bereits im Blut zu haben. Am besten geht das, wenn man es schafft, den agilen Gedanken perfekt in das eigene Daily-Doing zu integrieren. Das müssen gar nicht zwingend nur OKR sein. Hier kann es beispielsweise schon ein wertvoller Impuls sein, wenn der OKR Master seine täglichen Aufgaben über ein Personal Kanban organisiert. Als Experte sollte der OKR Master zusätzlich über alle Dynamiken, Entwicklungen und Trends zum Thema OKR Bescheid wissen.

Personal Kanban ist eine Anwendungsart von Kanban, einer agilen Methodik, die einem hilft, seine persönlichen täglichen Aufgaben zu organisieren, zu priorisieren und damit strukturiert zu erledigen. Das Ziel von Kanban ist eine Prozessverbesserung. In dem Kanban Kontext bedeutet Verbesserung die Minimierung der WIP (Work in Progress) also gleichzeitiger angefangener Arbeit. Damit stellt es eine Aufgabenverwaltung dar, die sich zentral um das Daily Doing dreht und diese verbessert. Auch dies ist ein Grund weshalb Personal Kanban sich perfekt mit OKR kombinieren lässt, da OKR seinen Schwerpunkt bei strategischen Themen hat. Entstanden ist Kanban Ende der 40er Jahre bei Toyota mit dem Zweck die Fertigungsplanung zu vereinfachen. Mittlerweile hat sich Kanban in so gut wie jeder Branche etabliert und ist aus der agilen Welt nicht mehr wegzudenken.

In seiner Rolle als **Prozesswächter** achtet der OKR Master stets auf die Einhaltung des Frameworks. Das OKR Framework ist ein leichtgewichtiges Framework. Es gibt lediglich einen Rahmen vor und beschreibt nicht bis ins letzte kleinste Detail, was zu tun ist. Dennoch gibt es einen Rahmen, den es einzuhalten gibt. Der OKR Master als Wächter über diesen Rahmen weiß dies und hat stets ein Auge darauf. Dabei ist es nicht nur wichtig, auf die Regeln hinzuweisen, sondern auch zu vermitteln, warum ein bestimmtes Event oder ein bestimmtes Artefakt existiert. Die Bedeutung eines Elements im OKR sachgerecht zu vermitteln, ist im Change Prozess absolut entscheidend. Wichtig als OKR Master ist es in dieser Rolle zu erkennen, wenn eine Organisation oder Team Gefahr läuft in alte Verhaltensmuster zurückzufallen. Die Gefahr dafür ist besonders in den ersten Wochen leider sehr hoch.

Die vierte Seite des OKR Masters ist die als **Change Agent**. Gerade zu Beginn ist dies die wohl entscheidende Hilfestellung, die der OKR Master dem Team gibt. Dabei geht es nicht nur darum, Probleme zu lösen, viel wichtiger ist es die Probleme frühzeitig zu erkennen. Diese Antizipation ist nur möglich, wenn der OKR Master viel Erfahrung mitbringt, damit er im Idealfall die meisten Probleme aus verschiedensten Kontexten bereits kennengelernt hat und dementsprechend auch genau weiß, welche Strategie am besten geeignet ist, um das Hindernis zu beseitigen. Neben der Antizipationsfähigkeit ist hier eine große Portion Empathie gefragt. Viele Hürden sind nur die Spitze eines Eisberges und bringen eine große Historie anderes zu lösender

Aufgaben mit sich, die der OKR Master zunächst entdecken und dann bewältigen muss.

Die fünfte Ausprägung des OKR Masters ist die Rolle als **Facilitator**. Wie wir nun bereits gelernt haben, ist die OKR Einführung ein Veränderungsprozess. In der Rolle Change Agent begegnet der OKR Master den Herausforderungen und Hürden, die ein Change Prozess mit sich bringt, dabei ist jedoch eines wichtig, welches die Rolle des Change Agent noch nicht klar benennt: Der OKR Master muss die Veränderung selbst im Unternehmen initiieren! In seiner Rolle als Facilitator ist der OKR Master Motor und Initiator des Wandels. Er stößt die Bewegung an, begleitet und unterstützt die Organisation, Teams und Einzelpersonen, damit es im Wandel nicht zum Stillstand kommt.

6.1 Der OKR Master als Coach

In seiner Rolle als Coach geht es darum, das Team aktiv weiterzuentwickeln. Je nach Reifegrad des Teams muss der OKR Master dem Team helfen, die agile Denkweise zu verinnerlichen und besonders das OKR nicht nur zu begreifen, sondern die Prinzipien in die tägliche Arbeit zu integrieren. Um den OKR Master als Coach bestens zu beschreiben schauen wir uns die folgenden drei Themenbereiche an:

- Die Tätigkeiten des OKR Master.
- Was muss ein OKR Master für die Rolle als Coach mitbringen?
- Was ist für die tägliche Arbeit mit Menschen wichtig?

6.1.1 Die Tätigkeiten des OKR Master

Bevor der OKR Master selbst aktiv coachen kann, ist es zunächst wichtig zu erkennen, wo und wie er sich am besten in den Prozess einbringen kann. Somit ist die erste Tätigkeit die bloße Wahrnehmung. Hierfür ist es essentiell wichtig, das Team in seinem Arbeitsalltag zu begleiten. Durch gekonntes Zuhören und Beobachten muss hier die perfekte Strategie entwickelt werden, um ein Team effizient zu verbessern.

Besonders wichtig an diesem Punkt ist das Erkennen des agilen Levels des Teams. Arbeitet das Team womöglich schon mit anderen agilen Frameworks wie Scrum oder Kanban? Kennt das Team die agilen Prinzipien? Antworten auf diese Fragen geben dem OKR Master die entscheidenden Grundlagen für die weitere Arbeit. Sind agile Methoden etwas völlig neues für das Team, ist es zunächst wichtig zu erkennen wie empfänglich das Team für neue Methoden und neue Denkweisen ist. Ein Fehler in dieser Phase oder das Übersehen von wichtigen Aspekten des Teams können später im Prozess nicht mehr korrigiert werden.

So ist diese frühe Phase im Coaching Prozess bereits entscheidend für den kompletten Prozess. OKR ist kein Prozess, der bei jedem Unternehmen oder Team gleich aussieht und gleich gelebt wird. OKR ist ein Framework, welches sich auch an Teams und Organisationen anpassen kann und muss. Diese systemische Sichtweise ist in der heutigen Welt, die geprägt von Dynamik, Diversifizierung und Individualität ist, ein absolutes Muss. Diese Phase des Wahrnehmens ist dafür essentiell, da der OKR Master hier einen Eindruck von dem Team bekommt und so das gesamte Framework natürlich bestmöglich anpassen kann.

Die zweite Coaching Tätigkeit des OKR Masters ist Adjustieren des OKR Frameworks an das Team. Der OKR Master hat jetzt bereits die entscheidenden Aspekte des Teams beobachtet und einen Eindruck gewonnen, wie weit das Team bereits auf dem Weg zur Agilität ist. Jetzt gilt es die richtigen Methoden zu wählen, die das Team am besten fördern. Ist das Team bereits fortgeschritten und arbeitet beispielsweise mit anspruchsvollen agilen Methoden wie die Innovationsmethode Design Thinking, so kann der OKR Coach für die Events wie das OKR Planning Meeting, Methodiken des Design Thinking für die Entwicklung der eigenen Objectives und Key Results verwenden.

Die Wahl der Methoden ist eine sehr knifflige Aufgabe. Eine sehr einfache Methode für ein fortgeschrittenes Team zu wählen kann bedeuten, dass sich das Team unterfordert fühlt und so die nötige Aufmerksamkeit vermissen lässt. Andersherum kann eine anspruchsvolle Methodik für ein Team ohne Erfahrung im agilen Arbeiten zu einer Überforderung führen. Hier besteht die Gefahr die Motivation des Teams für die Einführung auf das Spiel zu setzen. In dieser Phase gestaltet der OKR Master auch die Events wie beispielsweise die Retrospektive. Auch hier sind die Erkenntnisse aus dem Kennenlernen des Teams entscheidend. Hat das Team bereits mit Retrospektiven gearbeitet? Besonders Retrospektiven brauchen einen geschützten Raum, um ihre volle Wirkung entfalten zu können. Ist das Team noch unerfahren mit dem Thema muss der OKR Master hier erstmal die Voraussetzungen schaffen.

Die nächste Tätigkeit des OKR Masters ist die aktive Begleitung des Teams. Er moderiert die Events, führt Gespräche und versucht das Team täglich ein Stück besser in Bezug auf den Einsatz von OKR zu machen. Es ist das aktive Erziehen hin zu einem selbstorganisierenden agilen Team. Wichtig in dieser Phase des Prozesses ist, dass diese Tätigkeit wirklich als Coach und nicht als Führungskraft wahrgenommen wird. Damit ist vor allem gemeint, dass der OKR Master nicht durch das Vorgeben von Regeln und Handlungen führt, sondern über Beispiele, das eigene Vorleben und dadurch, dass er Visionen weckt. In klassischen Führungsstilen wird diese Art oft als transformationale Führung bezeichnet.

Transformationale Führung ist besonders Mitte der 90er Jahre populär geworden und beschreibt die Führung über Sinnhaftigkeit und Werte. Transformationale Führung bildet damit einen großen Entwicklungsschritt im Bereich der Führungsmodelle, da es wohl der endgültige Schritt weg vom tayloristischen Denken ist, bei dem die Trennung von Denken (Führungskraft) und Handeln (Mitarbeiter) im Vordergrund stand. Die Transformationale Führung sieht den Mitarbeiter als Menschen an, der stets nach Erfüllung und Selbstverwirklichung strebt. Damit konzentriert sich der Führungsstil auf die Vermittlung von Visionen, Werten und Prinzipien. Ein populäres Beispiel für Transformationale Führung ist der Fußballtrainer Jürgen Klopp. Besonders viel

Aufsehen erreichte er bei Borussia Dortmund, wo er aus einer jungen Mannschaft im Mittelmaß der Bundesliga, einen Verein machte, der mittlerweile zu Europas Elite gehört und mehrere Titel sammelte. Sein Erfolgsgeheimnis, glaubt man den Berichten, sei dabei stets seine motivierende Art, Spielern immer zu vermitteln, was mit positiver Einstellung möglich sei. Wie er von sich behauptet habe er aus elf Spielern elf "Mentalitätsmonster" geformt.

Führungsstile

Transaktionale Führung (1973)

- Austauschverhältnis zwischen Führungskraft und Mitarbeiter
- Führung durch Klärung von Zielen, Aufgaben und Delegation von Verantwortung
- Kontrolle von Leistungen
- Belohnung (materiell & inmateriell)
- Sanktionierung von unerwünschtem Verhalten durch Kritik und Feedback
- Vorherrschend ist „MbO" (Management by Objectives)

Transformationale Führung (1985)

- Transformieren von Werten und Einstellungen hinweg von egoistischen und individuellen Zielen hin zu gemeinsamen, übergeordneten und langfristigen Zielen
- Sinnvermittlung
- Intrinsische Motivation steht im Mittelpunkt
- Visionsgetrieben
- Vorbildfunktion

Transformationale Führung

Transformationale Führung versucht den Mitarbeiter über Werte und Leidenschaft zu führen. Diese Form der Führung ist hoch intrinsisch. Das bedeutet, dass der Mitarbeiter nicht etwa mit finanziellen oder materiellen Anreizen motiviert werden soll, sondern Motivation aus eigenem Antrieb daraus entwickelt, dass er Teil von etwas Großem ist. Im Zusammenhang mit der Transformationalen Führung spielen Elemente wie ein funktionierendes Leitbild und eine entsprechende Unternehmenskultur eine entscheidende Rolle. Intrinsische Motivation entsteht genau dann, wenn das Unternehmen eine Vision verfolgt, die bei allen Mitarbeitern präsent ist und für die Mitarbeiter wirklichen brennen.

Die Vision muss dem Mitarbeiter einen Grund geben, jeden Morgen aufzustehen und zur Arbeit zu gehen. Außerdem muss hierzu eine motivationsfördernde Unternehmenskultur bereits existieren. Eine Unternehmenskultur die geprägt von Kontrolle und Umsatz ist, würde hier entgegenwirken und eine transformationale Führung so gut wie unmöglich machen. Andersherum würde eine partnerschaftliche Unternehmenskultur höchstwahrscheinlich diese Art von Führung sogar noch fördern.

Insgesamt sind sowohl das Leitbild als auch die Unternehmenskultur die größten Einflussfaktoren und damit auch die entscheidenden Aspekte einer erfolgversprechenden Führung. Der OKR Master als Coach bildet hier die Brücke zum Team. Wenn ein Bundesliga Trainer sein Team taktisch perfekt auf das nächste Spiel eingestellt hat, gibt es kurz vor dem Anpfiff noch diesen einen entscheidenden Moment. Die Ansprache an die Mannschaft. Glaubt man den Hollywood Filmen und diversen Youtube Ausschnitten aus den Kabinen der Barcelonas, Real Madrids oder Bayern Münchens, so sind diese Reden selten geprägt von analytischen Details oder rationalen Begründungen für ein erfolgreiches Spiel. Ganz im Gegenteil: Die Trainer kreieren Bilder von mit Fans gefüllten Straßen und Massen an jubelnden Menschen, denen das Team im Falle eines Erfolgs begegnen würde. Im Prinzip ist die meist nur fünf minütige Ansprache das perfekte Beispiel für eine gelungene Transformationale Führung. Übertragen muss der OKR Master genau diesen Part für die Teams übernehmen. Motivieren und Sinn stiften wenn er merkt, dass Teams zweifeln und anspornen und challengen, wenn er merkt, dass Teams schon auf dem richtigen Weg sind. Dafür ist besonders in dieser Rolle eine Menge Fingerspitzengefühl gefragt!

Des weiteren muss der OKR Master in seiner Rolle als Coach dem Team Support geben, wenn es diesen benötigt. Treten Fragen rund um den Prozess auf, weiß ein Mitarbeiter nicht genau mit einem Key Result umzugehen oder ist ein Team gerade an einem Punkt, an dem Erfolg der Methode zu zweifeln, so ist es hier die Aufgabe des OKR Masters neuen Mut zu vermitteln und den Glauben an den Erfolg aufrecht zu halten. Besonders die ersten Zyklen einer OKR Einführung sind mit viel Unsicherheit verbunden. Der OKR Master hat in dieser Phase dafür zu sorgen, dass die Grundstimmung immer positiv bleibt. Seine Instrumente sind dabei neben dem Leitbild auch die kleinen Erfolge, die es zu feiern gilt.

Mitarbeiter brauchen in der Anfangsphase eines Change Prozesses Erfolge, anhand derer sie sehen, dass der eingeschlagene Weg der richtige ist und dass es sich lohnt weiter diesen Weg zu gehen. Das Feiern von Ettappensiegen bringt Motivation, steigert das "Wir-Gefühl und sorgt für Commitment für die OKR Methode. Mit dem Feiern von Erfolgen sollte der OKR Master zudem nicht immer bis zum nächsten Review (Abschluss eines OKR Zyklus) warten. Erfolge sollten genau dann zelebriert werden, wenn sie aufgetreten sind. Haben Sie es geschafft, durch bestimmte Key Results einen Kunden zu gewinnen, ihre Reaktionszeiten zu verbessern oder eine perfekte Idee für Ihre nächste Marketing Kampagne zu generieren, dann feiern sie es! Das müssen gar keine perfekt geplanten Abendfeiern mit Catering, Live-Musik und Programm sein.

Ein einfaches Zusammenkommen um zu sagen was es zu feiern gibt, kann völlig ausreichend sein und wird Ihren Mitarbeitern wertvolle Motivationsschübe geben. Wenn die Nationalmannschaft ein Freundschaftsspiel gewinnt, wird schließlich auch nicht gleich ein Eintrag ins goldene Buch gefordert, trotzdem weiß der Bundestrainer auch hier junge Spieler zu loben oder die tolle Spielweise bewusst hervorzuheben. In jedem Bundestrainer und OKR Master steckt am Ende ein kleiner (oder großer) Motivationskünstler!

6.1.2 Was muss ein OKR Master für die Rolle als Coach mitbringen?

Im Zeitalter der Digitalisierung, das geprägt von Individualität ist, ist der OKR Master in seiner Rolle als Coach eine so vielschichtige Person, dass es unglaublich schwer ist, hier eine reine "Anforderungsliste" zu schreiben.

Trotzdem gibt es einige Aspekte die als Grundlage wichtig sind, um gut für die tägliche Arbeit als Coach gerüstet zu sein.

6.1.2.1 Servant Leadership

Noch vor hundert Jahren war die Welt der Führung doch eigentlich recht simpel. Geprägt vom Taylorimus, der in Zeiten von Fabriken und Massenproduktion das Thema Führung recht simpel interpretierte, gab es eigentlich ein komplett klares Verständnis. Der Unterschied zwischen "Mitarbeitern" und "Führungskräften" war die Trennung von Denken und Handeln. Während Führungskräfte das Denken übernahmen (und dafür natürlich auch deutlich besser entlohnt wurden), war den Mitarbeitern die reine Umsetzung überlassen. Führung ist in diesem Fall recht simpel.

Führungskräfte geben Weisungen vor, Mitarbeiter setzen um und Führungskräfte kontrollieren. Hier hat sich in den letzten 100 Jahren viel getan. Im heutigen Zeitalter, das geprägt von Wissen und Dynamik ist, ist die wirkliche Leistung von Teams und Mitarbeitern immer mehr die Wissensarbeit und immer weniger ein reines Ausführen. Ganz zu schweigen von der Tatsache, dass die wenigsten Mitarbeiter heute noch einen Arbeitgeber attraktiv finden, der nach den Prinzipien von Weisung und Kontrolle führt.

Aber was macht die Führungskraft denn dann eigentlich noch? Die richtige Antwort ist: Coachen statt Führen. Perfekte Rahmenbedingungen schaffen und Support liefern. In den letzten Jahren hat sich hier der Begriff des Servant Leaderships etabliert.

Servant Leadership ist die von Robert Greenleaf[1] begründete Philosophie der Führung, die die moderne Führungskraft sehr gut beschreibt. Der "Servant Leader" richtet seine Führung auf die Interessen der Mitarbeiter aus. Führte eine klassische Führungskraft noch viel mit Regeln und Wissen, so hat sich das Blatt mittlerweile komplett gedreht. Der OKR Master muss ein Servant Leader sein. Ein klassisches Verständnis von Führung passt nicht zu der Rolle des OKR Masters und erst recht nicht zu dem OKR Framework insgesamt. Daraus ergibt sich eine zentrale Voraussetzung für die Rolle des OKR Masters.

Der Mitarbeiter, der diese Rolle ausführen soll, muss den Servant Leader Gedanken bereits vollständig adaptiert haben. Man muss dem OKR Master in seinem täglichen Arbeiten anmerken, dass er seine Führung komplett auf die Interessen der Mitarbeiter ausrichtet. Servant Leadership ist dabei mehr als ein einfacher "Skill", den ein Mitarbeiter auf einer Schulung oder in einem Tutorial lernen kann. Ein Servant Leader zu sein ist vielmehr eine Grundeinstellung, die viel mit eigenen Werten zu tun hat. Dem OKR Master sollte man dies zu jeder Zeit anmerken. Ist dies nicht der Fall, antizipiert ein Mitarbeiter oder ein Team dieses sofort. Die Konsequenzen wären in diesem Fall verheerend, da die Gefahr bestehen würde, dass der OKR Master das Vertrauen

---

[1] https://www.greenleaf.org/

zum Team verlieren würde.

6.1.2.2 Kontinuierliche Verbesserung

Ein Prinzip des OKR Frameworks ist die stetige Verbesserung. Ein OKR Team hat als Ziel sich von Zyklus zu Zyklus zu verbessern. Dieses Prinzip ist ein ganz wesentlicher Aspekt des Frameworks, da im digitalen Zeitalter eine dringende Anforderung ist, stetig mit den steigenden Anforderungen des Marktes auch als Unternehmen und als Team zu wachsen. Der OKR Master in seiner Rolle als Coach initiiert diesen Prozess und hilft einem Team sich stetig zu verbessern. Sein Hauptinstrument hierfür ist die Retrospektive.

Hier muss der OKR Master herausfinden, wo das Team Verbesserungspotenzial hat und wie man es ausnutzen kann. Neben der Retrospektive ist es aber auch eine unbedingte Notwendigkeit stetige Verbesserung vorzuleben. Wie beim Servant Leadership auch schon, kann der OKR Master kaum ein Team versuchen zur stetigen Verbesserung zu führen, wenn er dieses nicht auch selbst vorlebt. Das eigene Denken, Vorleben und Handeln spielt mindestens genauso eine große Rolle wie die Durchführung und Moderation der Events und der Retrospektive.

In der agilen Szene hat sich hier in den letzten Jahren die Unterscheidung zwischen "Growth Mindset" und "Fixed Mindset" einen Namen gemacht. Die Unterscheidung spricht im Prinzip zwei Gegenpole von Haltungen an, die man persönlich zu dem Thema der eigenen Wahrnehmung in Verbindung mit kontinuierlicher Verbesserung hat. Carol Dweck [2] thematisierte beide Pole erstmals in seinem Buch "Mindset". Dabei geht es im Kern darum, wie ich mich selbst oder auch andere Menschen einschätze. Gehe ich von

---
[2] Dweck, Carol S.: Mindset, 2017

einem "Fixed Mindset" (statischen Mindset) aus, so sehe ich Menschen als Wesen mit Stärken und Schwächen an, wobei (fast) alle dieser Stärken und Schwächen als fixe Annahme gesehen werden. Haben Sie schon mal Sätze wie "Entwickler sind eben so" oder "Der Peter kann halt nicht mit Kunden reden" gehört? Dieses sind Paradesätze für ein statisches Mindset. "Ich gehe davon aus, dass alles so wie es gerade ist, gegeben ist und kann daran auch nicht viel ändern. Wenn ich gut in Mathematik bin aber schlecht in Deutsch oder Englisch, dann ist das genauso und wird auch immer so sein."

Ein "Growth Mindset" (dynamisches Mindset) vertritt genau die gegensätzliche Ansicht. Meine momentanen Stärken und Schwächen sind lediglich ein aktueller Stand. Jeder Mensch hat die Möglichkeit sich weiterzuentwickeln und potenziell sich ständig zu verbessern und kann auch ganz neue Dinge zu lernen. Eine Schwäche wird hier gar nicht als Schwäche, sondern eher als Entwicklungschance gesehen.

Ein agiles Mindset hat viel mit einem "Growth Mindset" gemeinsam. Es basiert auf der Annahme, dass eine ständige und kontinuierliche Verbesserung nicht nur möglich, sondern in der heutigen Welt sogar zwingend notwendig ist. Diese eigene Haltung ist als OKR Master eine der wichtigsten Charaktereigenschaften. Nur wenn ich selbst jedes Individuum einschließlich mich selbst als lernendes Wesen ohne Grenzen und fixe Stärken und Schwächen einschätze, kann ich als Coach dieses einem Mitarbeiter, ganzen Teams oder auch einer ganzen Organisation vermitteln. Ein OKR Master ohne ein Growth Mindset wäre wie ein Fußballtrainer, der nicht an den Sieg der eigenen Mannschaft glaubt!

Mindset

Mindset = Denk- & Handlungslogik	
Fixed Mindset „Ich bin wie ich bin" statisch	**Growth Mindset** „Ich kann mich jederzeit grundlegend verändern" dynamisch

Prof. Carol Dweck, Stanford

Growth Mindset

6.1.2.3 Team Player

Die Rolle des OKR Masters ist eine sehr sensible Rolle. Der OKR Master braucht ein gutes Verhältnis zu seinem Team, da das Team ihm sehr viel anvertrauen muss, damit er es wirklich unterstützen kann. Der OKR Master soll Hindernisse, die das Team bei der Erfüllung Ihrer OKR hindern, beseitigen. Diese Hindernisse sind meist emotionale, wenn nicht häufig auch sehr persönliche Aspekte. Ohne eine vertrauensvolle Beziehung zum Team wird dieses Unterfangen sehr schwierig werden, da die Gefahr besteht, dass das Team blockieren und sich dem OKR Master nicht öffnen wird.

Am meisten zeigt sich dieser Aspekt in dem Event der Retrospektive. Die Retrospektive ist für die strategische Bedeutung der Frameworks besonders wichtig. Die Voraussetzung für eine gelungene Retrospektive ist wiederum genau dieses

Vertrauensverhältnis zwischen OKR Master und Team. Der OKR Master muss als Moderator dieses Events anerkannt werden, damit sich das Team voll auf die Retrospektive einlassen kann und somit wirklich die Chance auf kontinuierliche Verbesserung hat.

6.1.2.4 Verlässlichkeit

Verlässlichkeit ist im Hinblick auf das OKR Framework aus mehreren Blickwinkeln heraus sehr entscheidend. Zum einen muss das Team ständig das Gefühl haben, sich auf den OKR Master verlassen zu können. Wenn das Team daran glaubt, dass der OKR Master ihnen wirklich weiterhelfen kann und sich auch wirklich für das Team einsetzt, wird seine tägliche Arbeit dadurch sogar noch verstärkt. Zum anderen ist Verlässlichkeit auch ein wesentlicher Faktor für die den OKR Master in seiner Rolle als Prozesswächter.

Der OKR Master hat die Aufgabe dafür zu sorgen, dass der Prozess richtig angewendet wird und auch alle notwendigen Events stattfinden. Verlässlichkeit ist hier eine absolute Grundeigenschaft.

6.1.2.5 Coaching Eigenschaft

Da der OKR Master eigentlich ausschließlich mit Teams zusammenarbeiten wird, wird er viel mit gruppendynamischen Prozessen zu tun haben. Die Aufgaben und Herausforderungen, die sich daraus ergeben, sind nicht immer mit rein logischem Denken und Handeln zu bewältigen. Oft sind es zwischenmenschliche Aspekte und Konflikte, die es hier zu lösen gibt. Dafür braucht der OKR Master zwingend Coaching Qualitäten wie Empathie, Mediationskompetenz und auch ein Methodenset für Coaching Situationen. Da die OKR Einführung sehr häufig ein großer Change Prozess ist, erleichtert eine gewisse Erfahrung das tägliche Arbeiten als OKR Master deutlich.

Wie schon eingangs erwähnt, ist dies nur eine sehr abstrakte Skizzierung an Eigenschaften, die der OKR Master für seine Rolle mitbringen sollte. Wesentlich entscheidender ist am Ende, die persönliche Interpretation des OKR Masters. Dadurch, dass diese Rolle so vielseitig ist, kann sie auch dementsprechend verschieden interpretiert werden. Ein guter OKR Master gibt der Rolle immer auch eine ganz eigene persönliche Interpretation, die ihm hilft in dieser Rolle authentisch und glaubwürdig zu handeln. Wirklich vorherzusagen, ob ein Mitarbeiter gut oder schlecht in dieser Rolle agieren wird, ist mit einer bloßen Anforderungsliste so gut wie unmöglich. Das wichtigste ist, dass der Mitarbeiter diese Rolle auch aus einer gewissen Eigenmotivation heraus ausführt. Ist das der Fall, so steht einer erfolgreichen Ausführung der Rolle nichts mehr im Wege.

6.1.3 Was ist für die tägliche Arbeit mit Menschen wichtig?

Neben den festen Events, die das OKR Framework hat, ist die tägliche Arbeit mit Teams ein ganz wesentlicher Punkt für den OKR Master. Der OKR Master möchte ein Team so begleiten, dass es den OKR Prozess als Teil der Unternehmenskultur wahrnimmt. Häufig zieht dies einen ganzen Mindchange nach sich.

Für diesen Mindchange genügt es nicht allein, die Events perfekt zu organisieren, die richtigen Moderationstechniken anzuwenden oder die richtigen Aspekte zu identifizieren. Einen genauso großen Anteil hat der tägliche Umgang mit Teams. Damit ein OKR Master den Zugang zu einem Team bekommt, ist es absolut entscheidend, wie er sich jeden Tag dem Team gegenüber verhält.

Das fängt dabei an, einzelnen Mitarbeitern, die man auf dem Weg zur Kaffeemaschine trifft, auch interessiert zuzuhören. Oder mit offenen Augen und Ohren die tägliche Arbeit zu verfolgen. Die wichtigen und tiefgründigen Hindernisse sind viel häufiger in täglichen Diskussionen zwischen oder mit den Mitarbeitern zu identifizieren. Das bedeutet, dass die tägliche Arbeit mit den Mitarbeitern auf mehreren verschiedenen Arten so notwendig ist. Es geht darum ein Vertrauensverhältnis aufzubauen.

Hierfür ist wichtig, dem Team und den einzelnen Mitgliedern ständig das Gefühl zu vermitteln, dass einem das Wohl des Teams auch tatsächlich am Herzen liegt. Diese Facette zeigt sich größtenteils in Gesprächen. Hier geht es neben dem interessierten Zuhören auch darum "zwischen den Zeilen zu lesen" und so zu erkennen, wie gut ausgeprägt das Vertrauensverhältnis zwischen OKR Master und Teams oder Mitarbeiter schon ist.

Eine weitere Facette sind die Informationen, die der OKR Master in seiner täglichen Arbeit gewinnen kann. Diese reichen vom bloßen Beobachten des Teams, über Hintergrunddiskussionen bis zur reinen Gestik und Mimik. Der OKR Master sollte jede Möglichkeit nutzen, die sich ihm bietet, um Feedback zu bekommen, wie das Team den Prozess bereits verstanden hat und ihn dementsprechend auch lebt.

Eine dritte Facette ist das aktive Geben von Feedback. Nicht nur in den Events, sondern täglich sollte der OKR Master dem Team eine Rückmeldung geben, wie seine Wahrnehmung in Bezug auf den OKR Prozess ist. Besonders in der Startphase benötigen Mitarbeiter Feedback, damit sie wissen, ob sie schon in die richtige Richtung gehen, oder ob sie gerade in einer Sackgasse sind. Alle diese Ausprägungen machen die tägliche Arbeit mit Menschen für den OKR Master als Coach so wichtig. Schafft der OKR

Master es sowohl in den Events des OKR als auch in seinem täglichen Auftreten als Coach wahrgenommen zu werden, der das Team voranbringt und dem man vertrauen kann, wird das Team sich mit großer Sicherheit auf den Prozess einlassen und auch bereit sein notwendige Veränderungen mitzutragen.

6.2 Der OKR Master in seiner Rolle als Experte (Vorbild)

Wenn ein Fußballverein einen Star hat wie beispielsweise Cristiano Ronaldo oder Lionel Messi, dann üben diese allein schon durch ihre Anwesenheit einen großen Einfluss auf ihre Mitspieler aus. Wie gehen sie die Trainingsübungen an? Wie verhalten sie sich bei einem Eckball? Wie schießen sie Freistöße? Sie stehen komplett im Fokus. Die anderen Spieler wissen um die Qualität dieser Stars und wollen so viel wie möglich von den positiven Eigenschaften kopieren.

Beim OKR Master ist dieses Phänomen in ähnlicher Form zu beobachten. Der OKR Master wird beim OKR Prozess automatisch im Mittelpunkt stehen. Jeder weiß, dass er der Experte für den Prozess ist. Dementsprechend wird der OKR Master die wohl am häufigsten beobachtete Figur in diesem Kontext sein. Jeder wird schauen, wie der OKR Master sich selbst organisiert oder wie er mit seinen eigenen Objectives und Key Results umgeht.

Für den OKR Master ist dies eine große Chance und ein großes Risiko zugleich. Dadurch, dass er so viel beobachtet und womöglich auch kopiert wird, besitzt er großen Einfluss. Diesen Einfluss sollte er nutzen, um den OKR Prozess genauso vorzuleben, wie er es dem Team beibringen will. Neben der Fokussierung auf die eigenen OKR ist das vor allem das Vorleben der Werte und Prinzipien des Frameworks.

Die Mitarbeiter werden in ihrem Beobachten und Nachleben des OKR Masters nicht unterscheiden zwischen OKR Events und anderen Tätigkeiten. Auf der anderen Seite hat diese Rolle als Vorbild auch ein großes Risiko. Eltern haben oft Angst, wenn ihre Kinder Fans von Sängern, Schauspielern oder Sportlern sind, die neben ihrer Hauptaufgabe oft durch negative Schlagzeilen auf sich aufmerksam machen. Warum eigentlich? Weil sie ein schlechtes Vorbild sind! Beim OKR Master ist das nicht anders. Die Vorbildfunktion dieser Rolle kann in einem negativen Szenario auch dazu führen, dass der OKR Master unerwünschtes Verhalten der Teams und Mitarbeiter sogar noch fördert, weil er beispielsweise selbst oft durch negative Schlagzeilen im Mittelpunkt steht.

Der OKR Master und das Management sollten sich dieser Vorbildfunktion zu jeder Zeit bewusst sein und ihr Denken und Handeln auch darauf ausrichten. Werden in diesem Bereich Fehler gemacht, sind sie oft schwer bis teilweise gar nicht zu reparieren. Der OKR Master sollte mit der Verantwortung leben können, dass er stets die Person sein wird, auf die am meisten geschaut wird und sollte es im besten Fall zu seinem eigenen Vorteil nutzen, um sein persönliches Ziel, das Team hin zu einem sich stetig verbessernden OKR Team zu führen, voranzutreiben.

In der Rolle des OKR Master als Experte kommt zudem noch ein ganz anderer Punkt zu Tage. Wie der Name "Framework" schon sagt, ist OKR kein festgeschriebener Prozess, der mir genau sagt, was ich zu welchem Zeitpunkt zu erledigen habe, sondern es ist nur ein Rahmenwerk. OKR hat seine Grundpfeiler, die es auch dringend einzuhalten gilt, aber innerhalb dieser "Pfeiler", habe ich als Unternehmen oder Team viel Gestaltungspielraum für die Nutzung von OKR. Dies ist allein schon aus dem Grunde wichtig, dass OKR mit dem Thema "Mitarbeiterführung" und "Zielvereinbarungen" die wohl sensibelsten Themen in einem Unternehmen anspricht.

Hier ist es besonders wichtig nicht den Eindruck zu vermitteln, man möchte einen vordefinierten Prozess einfach dem Unternehmen "überstülpen". Hier würde das Unternehmen OKR sofort abstoßen, wie ein Immunsystem, das einem Fremdkörper nicht Eintritt gewährt. Auch ein OKR muss sich dem Unternehmen in vielen Punkten anpassen. Man spricht dabei von einem "adaptiven" Framework. Adaptiv bedeutet im Zusammenhang mit OKR, dass OKR sich ständig dem Unternehmen, den Mitarbeitern und den Rahmenbedingungen anpasst. Somit wird OKR den hohen Anforderungen des dynamischen und kurzzyklischen Zeitalters der Digitalisierung gerecht.

Adaptiv hat in diesem Zusammenhang aber noch eine ganz andere Bedeutung. Machen wir mal eine Zeitreise zurück zu den Wurzeln von OKR. Ende der 70er Jahre merkte Andy Grove von Intel, dass das damalig etablierte Management-by-Objectives (MbO) als Zielmanagement System an seine Grenzen stößt und das neue digitale Zeitalter ein neues Instrument für die Mitarbeiterführung braucht - Es war die Geburtsstunde von OKR.

Doch wie sah OKR eigentlich am Anfang aus?

Andy Grove hatte erkannt, dass besonders die zu langen Zyklen, der fehlende Fokus, die fehlende Transparenz und der zu starke Top-Down Ansatz zu der fehlenden Wirkung und Akzeptanz von Mbo führten. Dementsprechend gestaltete er das neue Framework OKR.

Grove reduzierte die Zyklen auf 3 Monate, beschränkte OKR auf jeder Ebene zu maximal 5 Objectives mit maximal 4 Key Results, machte alle Ziele innerhalb der Organisation transparent und verstärkte den Bottom up Anteil. Ohne Zweifel war dies für damalige Zeiten eine Revolution und Intel merkte auch schnell den Erfolg, den diese Auswirkungen brachten. Reisen wir jedoch zurück in das Jahr 2017, so hat das anfängliche OKR jedoch wenig mit dem Framework zu tun, was Grove Ende der 70er Jahre erfand.

Die Kernelemente (Kurze Zyklen, Fokus, Transparenz und Mix aus Top-Down und Bottom-up) sind zweifelsohne immer noch zentral im OKR, doch ist auch das Framework an sich in den letzten Jahrzehnten erheblich gewachsen. Die Rolle des OKR Master, Gamification, Events wie die Retrospektive, die Moals (Mid-term Goals) oder die Verknüpfung von OKR und KPI. Alle diese Aspekte sind Beispiele wie auch das Framework OKR sich immer wieder adaptiv an die sich weiterentwickelnden Rahmenbedingungen des Marktes und des Zeitalters anpasst. Diese Tatsache bringt eine erhebliche Aufgabe und auch Verantwortung an die Rolle des OKR Masters als Experten.

Der OKR Master muss zwingend auf dem aktuellen Stand der Entwicklung von OKR sein. Es genügt nicht zu Beginn seiner Laufbahn als OKR Master eine Schulung zu absolvieren und danach sich darauf zu verlassen, dass der Wissensstand genügt, um als OKR Master sein Team oder sein Unternehmen auf Jahre hinweg zu begleiten. Als OKR Master ist man Teil der Community. Das bedeutet man profitiert von den Erfahrungen anderer Teams und anderer Unternehmen, hat aber selbst die Verantwortung seine persönlichen Erfahrungen in die Community mit einzubringen und somit auch selbst die Weiterentwicklung von OKR voranzutreiben. Dieser Communitygedanke hat OKR in den letzten Jahren geholfen, zu dem zu werden, was es heute ist - dem zukünftigen Standard für Personal- und Mitarbeiterführung.

Zudem sichert es, das OKR nie in seiner Entwicklung stehen bleibt oder aktuelle Entwicklungen verschläft. Doch wie kann diese aktive Teilnahme an der Community aussehen? Was für Gelegenheiten habe ich als OKR Master Erfahrungen anderer Teams zu bekommen und selbst Wissen und Erfahrungen zu teilen?

Hier gibt es dank des Zeitalter des Internets und der Digitalisierung zahlreiche Möglichkeiten!

- Meet Ups

- Podcasts
- Blog Artikel
- Konferenzen
- Fachliteratur

6.2.1 Meet ups

Seit 2016 finden in Deutschland regelmäßige Meet Ups zum Thema OKR statt. Dies sind meist After-Work-Veranstaltungen von 3-4 Stunden, an denen Experten mit Kurzvorträgen neue Impulse über die Entwicklung von OKR geben und zahlreiche Unternehmen, die gerade OKR einführen oder schon OKR nutzen und so eigene Erfahrungen sammeln konnten, sich zum Thema austauschen. Meet Ups finden in der Regel in fast allen Großstädten statt und bilden den persönlichen Austausch einer der beliebtesten Möglichkeiten seinen eigenen Horizont der Thematik zu erweitern und neue Impulse und Ansätze von anderen Unternehmen und Teams zu bekommen. Meet ups sind in der Regel kostenlos und haben neben dem wertvollen Erfahrungsaustausch einen informellen Charakter. Auch dadurch genießen sie so einen guten Ruf und große Beliebtheit.

6.2.2 Podcasts

Podcasts sind im Internet frei verfügbare Audiosequenzen von ca. 20-30 Minuten, in denen Experten zum Thema einzelne Thematiken wie zum Beispiel den OKR Master, die Retrospektive oder einzelne Case Studies vorstellen. Ein unbestrittener Vorteil von Podcasts sind der leichte Zugang zu den Inhalten. Podcasts kann man bequem in der U-Bahn auf dem Weg zur Arbeit, beim Joggen oder im Wartezimmer beim Arzt hören. Da in der heutigen Zeit so gut wie jedes Gerät einen Zugang zum World Wide Web hat, dürfte hier jeder Ort eine potenzielle Möglichkeit zur Weiterbildung als OKR Master sein.

6.2.3 Blog Artikel

Wer lieber Inhalte lesen als hören mag und zudem auch aktiv in den schriftlichen Austausch zu den einzelnen Themen gehen will, für den sind Blog Artikel eine willkommene Gelegenheit. Blog Artikel sind schriftliche Beiträge, die meist eine Länge von ca. 1 Seite haben und wie Podcasts einen Einblick in Themenfelder rund um OKR bieten.

Wie Podcasts auch sind Blog Artikel über nahezu jedes Gerät, das einen Zugang zum Internet hat erreichbar. Blog Artikel bieten einen weiteren nicht unerheblichen Vorteil: Sie bieten eine Plattform zum Austausch. Über die Kommentarfunktionen können OKR Master, Experten und Teammitglieder ihre persönlichen Erfahrungen mit der Thematik teilen. Somit sind Blog Artikel die perfekte Gelegenheit schnell Input über OKR zu bekommen und zudem auch noch in den Austausch zu gehen mit anderen Experten und OKR Mastern.

6.2.4 Konferenzen

Konferenzen sind die wohl größte und mächtigste Form des Austausches über die Thematik OKR. Sie dauern meist ein oder zwei Tage und bieten die Möglichkeit viele Experten, Anwender aus Unternehmen die OKR nutzen und weitere wertvolle Ansprechpartner zu treffen. Eine Mischung aus Vorträgen, Podiumsdiskussionen, Workshops und Raum für informellen Austausch machen Konferenzen zu der perfekten Plattform für die Thematik.

Eine Konferenz unterscheidet sich zum Meet Up besonders in der Ausführlichkeit der Vorträge. Während auf Meet ups meist kurze Impulsvorträge oder Diskussionen vorkommen, so bietet eine Konferenz die Gelegenheit viel mehr in die Tiefe der Themen zu gehen. Konferenzen gibt es im agilen Umfeld zahlreiche. Dies können Konferenzen sein, die ganz allgemein das Thema "Agile" haben oder auch Konferenzen, die spezialisiert auf das Thema "Leadership" oder "OKR" sind.

6.2.5 Fachliteratur

Der Klassiker der Weiterbildung! In Zeiten von Blog Artikeln, Podcasts und Co der fast schon vergessene Weg sich als OKR Master weiterzubilden. Besonders in der Ausführlichkeit der Thematiken bietet wohl keine andere Form eine solche Tiefe in den einzelnen Themenelemente. Mit diesem Buch haben Sie hierfür das perfekte Beispiel! Somit sollte auch die klassische Form der Fachliteratur ein Pflichtbestandteil Ihrer Rolle als OKR Master sein.

Diese fünf Formen sind nur Beispiele, wie Sie sich über die Entwicklung von OKR auf dem Laufenden halten können. Finden Sie so Ihren persönlichen Mix, um zum Thema en vogue zu sein. Denken Sie dabei immer daran: OKR ist von seinem Wesen her aus einem Open Source Gedanken entstanden und lebt damit auch von Ihrem Input! Teilen bedeutet stets eine Weiterentwicklung der Qualität von OKR und sichert damit auch Ihnen ein stets zeitgemäßes und mächtiges Framework!

6.3 Der OKR Master als Prozesswächter

Wer kennt es nicht: Zu Beginn eines jeden Jahres sprießen die unzähligen Angebote der Fitnessstudios aus dem Boden. Warum? Es ist die Zeit der guten Vorsätze! Mit dem Rauchen aufhören, endlich zu seiner Traumfigur kommen oder sich gesünder ernähren. Dem Bild der schönen Zukunft scheint dabei keine Grenzen gesetzt zu sein. Dieses Jahr soll endlich der Durchbruch sein und dieses mal meint es natürlich jeder Ernst! Kein Wunder, dass jede Fitnessstudiokette daraus ein Geschäftsmodell gemacht hat, was unschlagbar ist.

Warum? Sind im Januar noch alle Fitnessstudios brechend voll mit Besuchern, die allesamt getrieben von ihren guten Vorsätzen sind, so leert sich spätestens ab Februar wieder das Studio (der monatliche Beitrag fließt natürlich trotzdem 24 Monate in die Kassen). Die guten Vorsätze sind längst auf das nächste Jahr verschoben worden, da es in diesem Jahr schließlich 1000 Gründe gibt, warum es einfach nicht geht und nächstes Jahr sowieso alles viel besser wird.

Was haben nun Neujahrsvorsätze und eine florierende Fitnessstudiobranche mit OKR zu tun? Die Parallelen einer OKR Einführung sind verblüffend! Fällt es Unternehmen besonders in der Anfangszeit noch relativ leicht, die Events durchzuführen, die richtigen Prioritäten zu setzen und aktiv an ihren Objectives und Key Results zu arbeiten, so sind spätestens zur Mitte des ersten Zyklus die gleichen Effekte zu sehen, wie bei den angesprochenen Fitnessstudios: Die ersten Weeklys fallen aus (hierfür werden natürlich plötzlich zahlreiche Gründe genannt), Teams haben plötzlich keine Zeit mehr für ihre OKR (da plötzlich eine so stressige Phase gekommen ist) oder die plötzliche Erkenntnis kommt, dass das eigentlich auch ohne OKR alles gar nicht so schlecht war.

Diese Effekte sind vollkommen normal, da wir Menschen nun einmal so gepolt sind, dass neue Sachen (zum Beispiel eine Diät oder eine Anmeldung zum Fitnessstudios) zunächst von einer Anfangseuphorie getragen werden, die nach einer gewissen Zeit aber meist schnell abflacht. In dieser Phase muss etwas dazu kommen, das in der in der Anfangseuphoriephase noch nicht so entscheidend war: Die Disziplin! Disziplin ist die einzige Möglichkeit auch nachhaltig von dem Erfolg von OKR zu profitieren. Genau hier setzt die Rolle des OKR Masters ein!

In der Rolle als Coach und Experte (Vorbild) sind es viele zwischenmenschliche Themen mit denen der OKR Master zu tun hat. Neben diesen Punkten muss der OKR Master auch jederzeit über den Prozess "Objectives and Key Results" im Gesamten "wachen".

An dieser Stelle sei nochmal erwähnt, dass OKR ein leichtgewichtiges Framework ist. Das bedeutet OKR ist kein Prozess der bis ins letzte Detail vorschreibt, was zu welcher Zeit von wem zu tun ist. Viel mehr gibt OKR einen groben Rahmen vor, wie moderne und agile Mitarbeiterführung auszusehen hat.

Dieser Rahmen besteht aus einer Rolle, mehreren Events und einem Artefakt. Dass OKR keine Prozessmethode mit unendlich vielen Regeln ist, die es einzuhalten gilt, bedeutet nicht, dass es gar keine gibt. Der Rahmen, den OKR vorgibt ist wichtig und bildet das Grundgerüst für die Integration von Objectives und Key Results.

Dass dieser Rahmen eingehalten wird, liegt in der Verantwortung des OKR Masters. In erster Linie sind das die Events: Der OKR Master hat dafür zu sorgen, dass die Events (Workshops, Reviews und Retrospektiven) zweckorientiert stattfinden. Das Wort "Prozesswächter" ist an dieser Stelle womöglich ein bisschen irreführend. Auch hier sollte der

OKR Master nicht mit einer hierarchische Note den Mitarbeitern vorschreiben, an den Events teilzunehmen, sondern im Sinne der transformationalen Führung stets die Bedeutung und den Zweck des Events vermitteln.

Die Kunst des OKR Masters als Prozesswächter ist es dafür Sorge zu tragen, dass sich jeder an den Prozess hält und trotzdem dem Mitarbeiter das Gefühl zu geben, dass sie nicht zu dem Prozess gezwungen werden. Dafür muss der OKR Master überzeugend sein und mit einem überzeugendem Leitbild vorangehen.

Besonders wichtig für den OKR Master ist hierbei auf Kleinigkeiten zu achten. Der "Schlendrian" kommt nicht von jetzt auf gleich, sonder schleichend. Als OKR Master ist hier die Antizipationsfähigkeit wichtig, die Warnsignale früh wahrzunehmen und aktiv gegenzusteuern. Besonders in der Anfangsphase einer OKR Einführung kommt der Rolle des OKR Masters als Prozesswächter eine besonders hohe Bedeutung zu.

Hier ist die Gefahr in alte Verhaltensmuster zu fallen am größten und das birgt das Risiko mit der OKR Einführung generell zu scheitern. Ein OKR Master, der jedoch hier die Antennen ausgefahren hat und Anzeichen dafür früh wahrnimmt, kann den langfristigen Erfolg von OKR bereits in dieser frühen Phase sichern. Ist diese schwierige Phase nach der Anfangseuphorie einmal überwunden, wird es danach meist deutlich einfacher, da sich jetzt neue Routinen bilden und OKR sich irgendwann wie ein selbstverständlicher Teil des Tagesablaufs anfühlt.

6.4 Der OKR Master als Change Agent

"Der Mensch ist ein Gewohnheitstier": Sicherlich hat jeder diesen Satz schon einmal gehört und mindestens auch einmal selbst verwendet. Aber was steckt eigentlich hinter diesem Satz? Machen wir hierzu wieder einmal eine Zeitreise und gehen 100 Jahre in die Vergangenheit. Raten Sie mal, was bald seinen 100jährigen Geburtstag feiert: Es ist der Tonfilm!

Gegen den Tonfilm!   **Für lebende Künstler!**

An das Publikum!

Achtung!   **Gefahren des Tonfilms!**

Viele Kinos müssen wegen Einführung des Tonfilms und Mangel an vielseitigen Programmen schließen!

Tonfilm ist Kitsch!

Wer Kunst und Künstler liebt, lehnt den Tonfilm ab!

Tonfilm ist Einseitigkeit!

100% Tonfilm = 100% Verflachung!

Tonfilm ist wirtschaftlicher und geistiger Mord!

Seine Konservenbüchsen-Apparatur klingt kellerhaft, quietscht, verdirbt das Gehör und ruiniert die Existenzen der Musiker und Artisten!

Tonfilm ist schlecht konserviertes Theater bei erhöhten Preisen!

Darum:

Fordert gute stumme Filme!
Fordert Orchesterbegleitung durch Musiker!
Fordert Bühnenschau mit Artisten!

Lehnt den Tonfilm ab!

Wo kein Kino mit Musikern oder Bühnenschau: Besucht die Varietés!

Internationale Artisten-Loge E. V.   **Deutscher Musiker-Verband.**
Fossil   Karl Schiementz

Druck: Gebr. Unger, Berlin SW 11.

Flugblatt um 1929

Der Tonfilm

Was glauben Sie wie der Tonfilm von den Menschen aufgenommen wurde? Haben wir ihn von Beginn an gefeiert? Haben wir alle "Hurra" geschrien aufgrund dieses Meilensteins der Filmgeschichte? Sie ahnen wahrscheinlich bereits - das Gegenteil war der Fall!

Wir kannten 1000 Gründe, warum der Tonfilm das Schlimmste ist, was der Menschheit passieren konnte! Sie kennen keine Gründe? Ich habe da mal ein paar für Sie:

Der Tonfilm ist Kitsch - Mal ganz ehrlich, der Tonfilm ist doch Reinkarnation von Kitsch. Gibt es überhaupt irgendetwas, das kitschiger ist, als ein Film mit Ton?

Der Tonfilm ist Einseitigkeit - Ein Film, bei dem der Ton schon fix ist? Nicht veränderbar? Geht es eigentlich einseitiger?

Tonfilm ist wirtschaftlicher und geistiger Mord - Ton aus einer Konserve? Das Schlimmste was der Filmindustrie passieren konnte. Noch dazu bedeutet der Tonfilm doch das Aus für alle Musiker und Artisten!

Dies war nur ein Auszug der Kritikwelle, die der Einführung des Tonfilms entgegen gekommen ist. 100 Jahre später - Was von dem ist eingetreten? Sind plötzlich alle Musiker-Existenzen zerstört worden? Sind wir alle abgeflacht worden durch die niveaulose Unterhaltung und wünschen uns nichts dringlicher zurück als den Stummfilm? Wohl eher nicht!

Wie kam es dann zu dieser Welle der Empörung zu Beginn des Tonfilms? Bei der Begründung sind wir dann doch wieder bei unserem ersten Satz "Der Mensch ist ein Gewohnheitstier". Wir mögen einfach keine Veränderungen! Ob das jetzt ein Tonfilm oder ein neues Zielsystem ist. Dieser Widerstand gegen den anstehenden Change ist dabei in keinster Weise rational.

Das bedeutet, selbst wenn der einzelne Mitarbeiter erkennt,

dass die Veränderung sinnvoll ist und OKR ein wichtiger und richtiger Schritt ist, so befreit das nicht von den typischen Widerständen, die dieser Change Prozess mit sich bringt. Diese Widerstände reichen von aktiven Widerständen bis zum Leugnen des neuen Weges und wird auch von Mitarbeiter zu Mitarbeiter unterschiedlich sein. Als OKR Master ist es hier besonders wichtig mit den typischen Themenfeldern rund um den Change Prozess vertraut zu sein und ihnen sogar aktiv entgegenwirken zu können.

Die größte Gefahr des OKR Prozesses sind Hindernisse, die das Team daran hindern, ihre Ziele zu verfolgen und den gesamten Prozess voranzutreiben. Daraus ergibt sich die Ausprägung des OKR Masters als Change Agent. Im Sinne eines Servant Leaders ist der OKR Master dafür verantwortlich Probleme und Hindernisse zu beseitigen, die das Team gerade belasten oder in irgendeiner anderen Form den OKR Prozess behindern. Diese Probleme und Hindernisse können verschiedenste Formen annehmen und sind überhaupt nicht zusammenzufassen. Als gemeinsamen Nenner haben sie meistens lediglich eines: Den Change Prozess!

Sie können unternehmensbezogen oder persönlich sein, können einen Mitarbeiter oder das gesamte Team belasten oder sie können auch mit ganz banalen Rahmenbedingungen wie einer defekte Klimaanlage zu tun haben. Probleme und Hindernisse sind zunächst erstmal alles, was das Team daran hindert, selbstorganisierend seine Objectives und Key Results zu verfolgen. Bevor der OKR Master dafür Sorge trägt, diese Steine aus dem Weg zu räumen, gilt es zunächst sie zu identifizieren.

Leider ist es in den seltensten Fällen so, dass das Team auf den OKR Master zukommen wird und ihm seine Impediments (engl. Hindernisse) mitteilt und ihn darum bittet sie zu lösen.

Der OKR Master muss aktiv Impediments identifizieren und auch antizipieren. Auch hierzu braucht es eine gewisse Erfahrung mit dem OKR Prozess. Ein OKR Master, der schon viele OKR Zyklen begleitet hat, antizipiert Impediments deutlich schneller und häufiger als ein Neuling in dieser Rolle. Steht ein Unternehmen vor der Herausforderung OKR einzuführen und damit in der Situation keinen Mitarbeiter zu haben, der bereits Erfahrung mit OKR hat, gibt es die Möglichkeit diese Rolle extern durch einen erfahrenen OKR Coach zu besetzen.

Ein guter Coach würde in der Einführungsphase helfen OKR zu implementieren und Mitarbeiter, die seine Rolle nach einer gewissen Zeit einnehmen wollen zu coachen und langsam an die Arbeit als OKR Master heranführen. Sind die Impediments identifiziert, gilt es sie zu beseitigen.

Hierfür stehen dem OKR Master zunächst einmal drei Optionen zur Verfügung:

- Direkte Beseitigung
- Beseitigung durch Dritte
- Beeinflussen

Die verschiedenen Optionen ergeben sich daraus, dass der OKR Master gar nicht alle Befugnisse und Kompetenzen haben kann, um alle Impediments zu beseitigen.

Die erste Möglichkeit zur Lösung ist die direkte Beseitigung. In diesem Fall hat der OKR Master genug Wissen und auch Befugnisse, um das Impediment selbstständig zu beseitigen.

Die zweite Form ist die Beseitigung durch Dritte. Hier braucht der OKR Master Unterstützung bei der Beseitigung. Ist beispielsweise der Raum für die Retrospektive nicht geeignet oder hat ein verteiltes Team an mehreren Orten nicht die geeignete Technik, um die Events über Videokonferenzen stattfinden zu lassen, muss der OKR Master andere Beauftragen, diese Probleme zu lösen. Wichtig hierbei ist, dass die Verantwortung für das Lösen dieser Probleme stets beim OKR Master bleibt.

Die dritte und letzte Option für die Beseitigung von Hindernissen ist das Beeinflussen. Diese Option kommt häufig in Frage, wenn es sich um sensible Probleme handelt, die der OKR Master nicht eigenständig lösen kann, ein bloßes "Beauftragen" aber nicht in Frage kommt. Stören beispielsweise alte Prozesse und Strukturen, so dass der Manager noch regelmäßige neue Vorgaben vergibt und die OKR damit in den Hintergrund rückt, muss der OKR Master versuchen das Management zu beeinflussen, in dem er nochmal die Bedeutung der OKR Methode und auch die Vorteile aufzeigt. Der OKR Master versucht so, das Management zu beeinflussen, selbst das Problem zu lösen. Häufig ist diese Variante erfolgversprechender bei sensiblen Problemen.

Das Lösen von Problemen und Widerständen ist insgesamt wohl eines der größten Aufgabenfeldern des "Change Agent OKR Master". Eine der wichtigsten Eigenschaften dabei ist die Kenntnis über die Dynamiken und zu erwartenden Reaktionen des Change Prozesses und diese richtig einordnen zu können. Der richtige Umgang mit dem Change Prozess ist dabei wohl eines der sensibelsten Themen schlechthin im Zusammenhang mit OKR, da Fehler, die in dieser Phase gemacht werden kaum oder nur sehr schwer zu korrigieren sind.

6.5 Der OKR Master als Facilitator

Wir haben über den OKR Master in seiner Rolle als Change Agent im Wandel des Unternehmens erfahren. Eines haben wir dabei aber noch nicht betont: Der OKR Master muss selbst Motor des Wandels sein. Seine Rolle geht damit deutlich weiter als das bloße Reagieren auf die Begleiterscheinungen des Wandels. Der OKR Master muss selbst Motor des Wandels sein! Er reagiert somit nicht auf den Wandel, er ist der Wandel! Er initiiert den Wandel!

Wir können OKR nicht völlig separat betrachten, als ein Framework, welches nur das Zielmanagement betrifft. Ein agiles Framework einzuführen bedeutet im Prinzip die gesamte Organisation zu agilisieren. OKR wird nicht erfolgreich sein, wenn alles drumherum sich nicht auf das agile Mindset einlässt. Der OKR Master als Facilitator nimmt sich dieser Aufgabe an, er weiß wann er Impulse setzen muss und wie diese auszusehen haben. Ob das ein ganzes Company Meeting sein muss, ein Teamgespräch oder einfach nur ein Telefonat. Der OKR Master als Facilitator weiß stets die richtige Dosierung für den Wandel.

Besonders wichtig in dieser Rolle ist das Fingerspitzengefühl wann der OKR Master als "Good Guy" und wann er als "Bad Guy" aufzutreten hat. Im OKR Kontext bedeutet das, er weiß stets, ob es gerade ein richtiger Zeitpunkt ist an die Disziplin zu appellieren und dadurch mehr als "Prozesswächter" aufzutreten oder eher ein Zeitpunkt um sensibel Teams und Mitarbeiter gegenüberzutreten, da eventuell gerade ein kritischer Moment der Einführung ist.

Ein weiterer Punkt des OKR Masters in der Rolle des Facilitators ist die Meta Sicht der OKR Einführung. Das sind die Aspekte, die alle Teams betreffen. Dies sind zum Beispiel das Thema OKR Software, strategischer versus operativer

Anteil der OKR, wie werden Zielkaskaden gebildet, etc. Der OKR Master hat hier stets die gesamte Einführung im Blick und nicht nur einzelne Teams. Als Facilitator trifft er diese Entscheidung immer aus der Sicht des Unternehmens. Er schwebt in seiner Rolle "wie ein Adler" über allen Teams und beobachtet das große Ganze. Gerade diese Metasicht hilft ihm am Ende das gesamte Unternehmen zu agilisieren und damit einen Nährboden zu bilden, auf dem OKR langfristig erfolgreich implementiert werden kann.

6.6 Ein OKR Master oder mehrere OKR Master im Unternehmen?

Beschäftigt sich ein Unternehmen mit der Einführung von OKR stellt sich schnell die Frage: Wie viele OKR Master brauchen wir eigentlich? Diese Frage lässt sich pauschal schwer beantworten und wenn dann nur mit einem: Es kommt drauf an!.

Jedoch gibt es mittlerweile viele Erfahrungswerte die besagen, dass ein OKR Master bis zu drei Teams betreuen kann mit einem Zeitaufwand von ca. 2-4 Stunden pro Woche. Die Zeitangabe hängt dabei natürlich stark von dem jeweiligen Kontext und dem Reifegrad der Organisation bezüglich Agilität ab. Außerdem sei gesagt, dass es zu Beginn durchaus mal mehr Zeitaufwand sein kann, da die Thematik hier für die Organisation neu ist und viel Change Management und Stakeholder Management betrieben werden muss.

Bei den meisten Unternehmen pendelt es sich jedoch relativ schnell bei den genannten 2-4 Stunden ein, da es nach einer gewissen Zeit nicht mehr darum geht tagtäglich bei den Teams zu sein, sondern eher zu den Weeklys zu kommen, die wichtigsten Erkenntnisse mitzunehmen und daraufhin richtige Impulse zu setzen. Dies ist auch ein wichtiger Stichpunkt: Impulse setzen. Es geht als OKR Master nicht darum, Aufgaben für Teams zu lösen sondern Teams zu befähigen selbst organisiert ihren OKR folgen zu können, ganz im Sinne des Servant Leaderships!

7. Kontext & Kultur

> "Culture eats strategy for breakfast." (Peter Drucker)

Führt man Objectives & Key Results (OKR) in einem Unternehmen ein, so stellt man schnell fest, dass diese nicht im luftleeren Raum als reines Zielmanagement oder als Leadership-Framework verwendet werden. Vielmehr ist es so, dass OKR selbst in einen deutlich größeren Kontext eingebettet sind.

Einerseits wird OKR immer von Menschen getrieben, daher sind deren Vorstellungen, Vorbehalte, Motivationen u.ä. essentiell für den Erfolg oder Mißerfolg von OKR. Andererseits stellt OKR immer auch einen Baustein in der Organisationsentwicklung dar - d.h. auch die Organisation selbst reagiert auf OKR. In diesem Kapitel sollen alle Aspekte diesbezüglich beleuchtet werden.

7.1 Warum OKR?

Die eigentlich wichtigste Frage hinsichtlich OKR in einem Unternehmen wird oftmals nicht bzw. nur unzureichend beantwortet. Das führt oftmals dazu, dass verschiedene Vorstellungen darüber bestehen, was OKR letztendlich leisten soll und das auch eine differente Erwartungshaltung seitens der Stakeholder des Projekts hervor ruft. So erwartet der Chef vielleicht durch OKR, dass das Reporting der Zielerreichung nun deutlich besser funktioniert und der Teamleiter glaubt, durch OKR mehr Selbstverantwortung zu fördern. Beides würde sich kombinieren lassen - allerdings nur, wenn Klarheit darüber herrscht, wie die Erwartung aussieht.

Simon Sinek[1] hat in seinem Buch "Start with Why: How Great Leaders Inspire Everyone to Take Action" darauf hingewiesen, wie wichtig es ist, am Anfang eines jeden Vorhabens in Unternehmen zunächst die Sinnfrage zu stellen. Fast alle Unternehmen haben die Angewohnheit, zuerst das, was sie tun, in den Vordergrund zu rücken. Dies stellen wir auch mehrheitlich fest, wenn wir zu einem OKR-Beratungsauftrag geholt werden.

Oftmals ist klar, dass OKR (das "WAS?") eingeführt werden soll - offen bleibt aber meistens, warum OKR eine Antwort auf die Herausforderungen der Organisation sein soll.

---
[1] https://startwithwhy.com

WARUM?

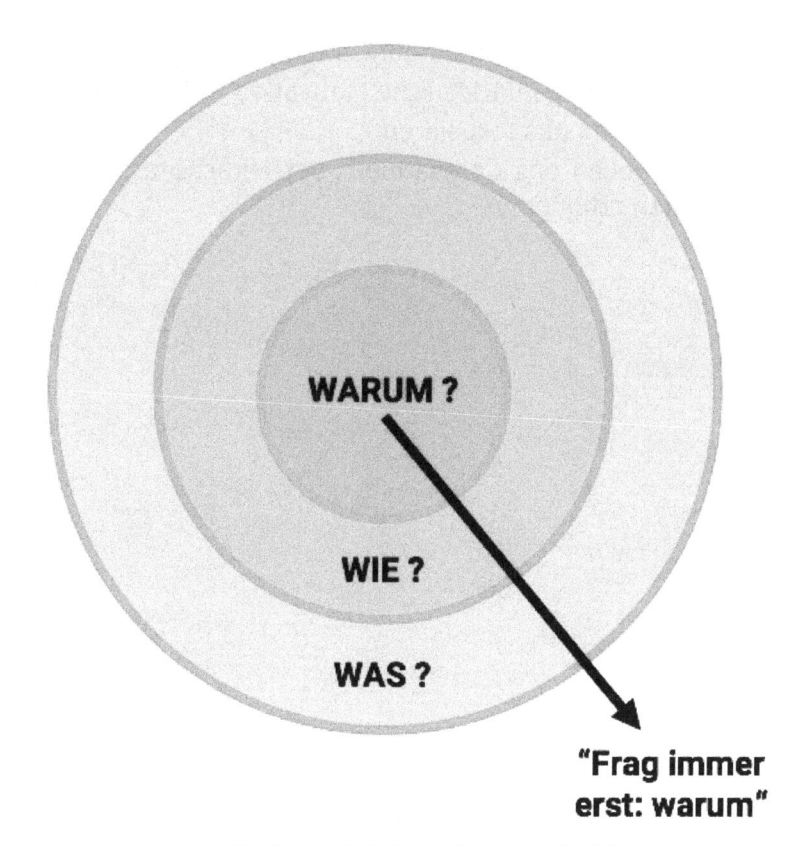

WIE?

WAS?

"Frag immer erst: warum"

Der "Golden Circle" (nach Simon Sinek)

Diese Frage nach dem "Warum?" muss aber zuerst geklärt werden, wenn man mit OKR erfolgreich sein soll. Denn diese setzt die Struktur für die weiteren Ausgestaltung.

"Der Anfang setzt die Struktur" (Gestaltgesetz)

Nehmen Sie sich also Zeit, diese Frage ausreichend zu klären. Mögliche Antworten könnten sein:

- Wir wollen Klarheit über unsere Ziele erhalten.

- Wir wollen die Selbstorganisation fördern.
- Wir wollen die intrinsische Motivation fördern.
- Wir wollen uns fokusieren.
- Wir wollen das Commitment der Mitarbeiter zu den Zielen erhöhen.
- ...

7.2 Kontext von OKR

Die Umgebung von OKR im Unternehmen stellt sich immer wie folgt dar:

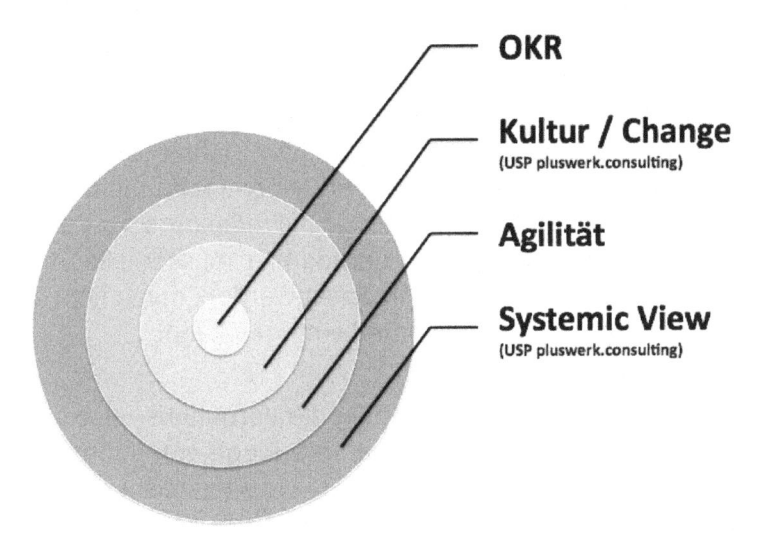

OKR

Kultur / Change
(USP pluswerk.consulting)

Agilität

Systemic View
(USP pluswerk.consulting)

Kontext-Modell von OKR

1. Durch die Werte, Prinzipien und Dynamiken von OKR wird immer die **Unternehmenskultur** berührt - sei es, dass eine entsprechende Unternehmenskultur den OKR-Prozess positiv oder negativ beinflusst oder aber auch, indem OKR eine Kulturveränderung initiiert. Dies geht zudem einher mit einem entsprechenden **Change-Prozess**.
2. Der Boden für den Change-Prozess und die Kulturveränderung ist die **Agilität** - einem Mindset, welches wir uns ebenfalls später genauer ansehen werden. Die Organisation benötigt einen bestimmten agilen Reifegrad, um die Potentiale von OKR voll nutzen zu können.

3. Organisationen sind **soziale Systeme** (bzw. soziotechnische Systeme) - daher ist es unabdingbar, diese in einem OKR-Prozess entsprechend als solche zu betrachten. Die Systemtheorie nennt diesen Blickwinkel **"systemisch"** und das Konzept dahinter "Systemische Organisationsberatung". Die systemische Organisationsberatung geht davon aus, dass sich komplexe Probleme nicht lösen lassen, wenn man die Aufmerksamkeit lediglich auf ein Element richtet. Daher müssen alle Elemente und ihre Beziehungen miteinander betrachtet werden. Dies ist insbesondere für OKR im Unternehmen gültig - gerade hier müssen alle Systeme betrachtet und adressiert werden, damit OKR sich nahtlos ins Unternehmen einfügen kann.

Das Kontext-Modell stellt zudem die Vorgehensweise in der OKR-Einführung dar, wenn man die Ringe von außen nach innen betrachtet. Zuerst muss also ein systemischer Ansatz gewählt werden, der wiederum den Nährboden für die Agilität bietet, die es zu adressieren gilt. Darin wiederum wird die Basis für die Kulturveränderungen und den Change-Prozess geschaffen, damit OKR schließlich sein Potential entfalten kann.

> **OKR ist kein Tool!** OKR ist kein Tool oder eine Methode, sondern ein Element der Organisationsentwicklung. Daher muss dringend darauf geachtet werden, den gesamten Kontext zu adressieren. Anderenfalls wird die OKR-Einführung scheitern. Dies äußert sich oft in mangelhafter Disziplin oder unambitionierter Zielerreichung. Besonders difizil sind Zielsysteme, die letztlich wirkungslos bleiben - auch hier muss von einem Scheitern gesprochen werden.

7.3 Kultur

Die Kultur (genauer die Organisationskultur oder auch "Organizational Culture") eines Unternehmens ist maßgeblich am Erfolg oder Mißerfolg von OKR beteiligt. Da am Ende der Erfolg von OKR von den Menschen und deren Einstellungen abhängt, ist es wichtig, diese vor einer Einführung genau zu betrachten.

Orientiert man sich z.B. an den sogenannten "Kulturebenen" von Edgar Schein[2] sieht man sich in der Organisationskultur drei Ebenen ausgesetzt:

Ebene 1

Sichtbare Verhaltensweisen, Artefakte, Erzeugnisse, Rituale, Mythen (z.B. Kommunikationsverhalten mit Mitarbeitern, Kunden und Lieferanten, Logo, Parkplätze, Bürolayout, verwendete Technologie, das Leitbild, u.v.a.m).

Ebene 2

Gefühl für das Richtige, Einstellungen, kollektive Werte.

Ebene 3

Grundannahmen & Glaubenssätze: Wesen, Beziehungen zu anderen, Zeit und Aktivitätsorientierung - diese werden nicht diskutiert oder hinterfragt.

Lediglich die Ebene 1 ist direkt sichtbar - nicht aber die Ebene 2 und 3. Aber gerade dort liegen viele Faktoren verborgen, die das OKR direkt beeinflussen.

Hierzu einige Beispiele aus unserer Praxis:

---
[2]https://de.wikipedia.org/wiki/Edgar_Schein

1. Im OKR-Planning der Teams hat eines der Teams lediglich 2 Objectives mit je 2 Key Results finden können. Anstatt damit zufrieden zu sein, macht sich das Team Sorgen, ob die Anzahl reicht. Es fällt die Aussage "Wir müssen noch mehr Ziele finden, damit das Management und die anderen Teams nicht denken, wir würden nur so wenig arbeiten". Das Team hat also kein Vertrauen in die Organisation, dass die Ziele ausreichend sind.
2. Im OKR-Planning werden recht unambitionierte Ziele gefunden. Auf die Frage nach mehr Ambition wird die Antwort gegeben, dass man aus der Erfahrung der Vergangenheit lieber niedrigere Ziele ansetzt, da man Angst habe, diese dann nicht zu erreichen. Dies wird als sogenanntes "Sandbagging" bezeichnet und tritt immer dann auf, wenn es keine entsprechende Fehlerkultur gibt, die ein "Scheitern" verzeiht.
3. Die Disziplin im OKR-Prozess ist extrem klein - das OKR-Sheet wird nur selten gefüllt, die Events finden nur sporadisch statt, einzelne Teams arbeiten fast gar nicht an den OKR. Auf der Suche nach den Gründen wurden wir beim Teamleiter fündig. Dieser vertritt die Aussage: "Um ehrlich zu sein, ist es mir recht egal, ob und wieviel die Leute am OKR-Prozess arbeiten. Mir ist es wichtig, dass überhaupt daran gearbeitet wird. Und wenn wir eine Zielerfüllung um die 50% haben, dann ist das für mich auch mehr als ausreichend". Hier überträgt sich die Einstellung des Managers durch Vorleben direkt auf jedes einzelne Teammitglied. Daher ist die fehlende Disziplin hier hausgemacht.

Um solche und viele weitere Aspekte frühzeitig zu adressieren, arbeiten wir anfangs mit einem sogenannten "Kulturaudit". Dieser dient dazu, Glaubenssätze und tiefer liegende Kulturaspekte zu identifizieren und daraus das optimale

Setup für den OKR-Prozess zu finden. Sämtliche Parameter werden aufgrund des Audits optimal eingestellt und Herausforderungen früh adressiert.

Dafür verwenden wir einen Kulturaudit, der aus zwei Bestandteilen besteht: Ein gruppendynamisches agiles Spiel, um die Diskussion um die Kulturbestandteile zu fördern und Einzelinterviews, deren Fragebogen auf einer speziell angepassten und modernisierten Version des "Competing Values Framework" von Kim Cameron[3] und Robert Quinn[4] basiert.

---
[3] https://en.wikipedia.org/wiki/Kim_S._Cameron
[4] http://www.quinnassociation.com/en/culture_typology

8. OKR Architekturen

„OKR wird erst interessant und effektiv, wenn es wirklich zum individuellen Unternehmen passt."
(Patrick Lobacher)

Unternehmen können OKR in unterschiedlichsten Architekturen darstellen. Dabei hat jede Architektur ihre Vor- und Nachteile, sowie bestimmte Implikationen und Herausforderungen. Manche Organisationen fangen zunächst mit einen Pilotprojekt an, oder nutzen OKR allgemein nur auf Team-Ebene, andere Unternehmen führen OKR nur auf der Führungsebene ein. Dazwischen ist natürlich auch jede Form möglich. Besonders herausfordernd wird es, eine Matrix-Organisation mithilfe von OKR abzubilden.

8.1 OKR Pilotprojekt

Viele Unternehmen starten zunächst mit einem Pilotprojekt mit einem oder zwei Teams, oder auch für einen bestimmten Bereich.

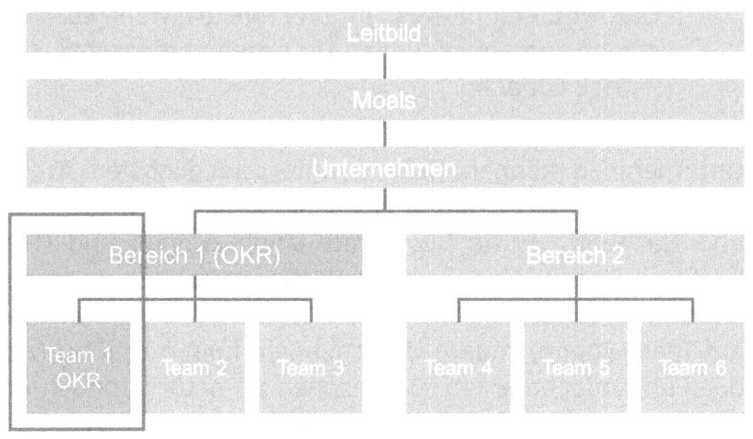

OKR Architektur

OKR Pilotprojekt

Oftmals eignen sich hierfür beispielsweise Teams, die bereits mit agilen Methoden arbeiten. Ihnen sind Frameworks, wie z.B. Scrum bereits bekannt, die mit ähnlichen Toolsets und nach agilen Werten arbeiten. Des weiteren werden in einem Pilotprojekt sehr schnell Lerneffekte generiert, wie OKR für das gesamte Unternehmen funktionieren könnte. Die Neugier von anderen Teams wird auch schnell geweckt, wenn Pilotteams von ihren Erfahrungen berichten. Dies erhöht wiederum das Buy-In der anderen Mitarbeiter, sollte es im Anschluss zu einer unternehmensweiten Einführung von OKR kommen.

Die nächste Phase nach einem erfolgreichen Pilotteam wäre die schrittweise Ausweitung auf weitere Teams und Bereiche, bis irgendwann das gesamte Unternehmen OKR nutzt. Hierbei können dann bereits die ersten Lerneffekte aus dem Pilotprojekt hilfreich sein.

Für ein Pilotprojekt ist wichtig, dass das Pilotteam trotzdem etwas hat, an dem es sich orientieren kann, seien es eine "Bereichsvision" oder "Bereichsziele", oder vielleicht auch die Unternehmensziele als Ganzes.

Themen, wie Alignment einzelner Teams oder unternehmensweite Transparenz werden bei einem Pilotprojekt natürlich zunächst nicht adressiert.

8.2 OKR rein auf Führungsebene

Manchmal entscheiden sich Organisationen auch dazu, OKR rein auf Führungsebene zu implementieren. Dies soll dazu dienen, die Unternehmensvision mit kurzfristigen Unternehmenszielen umsetzbar zu machen, jedoch nicht, diese bis auf Bereiche oder Teams herunterzubrechen.

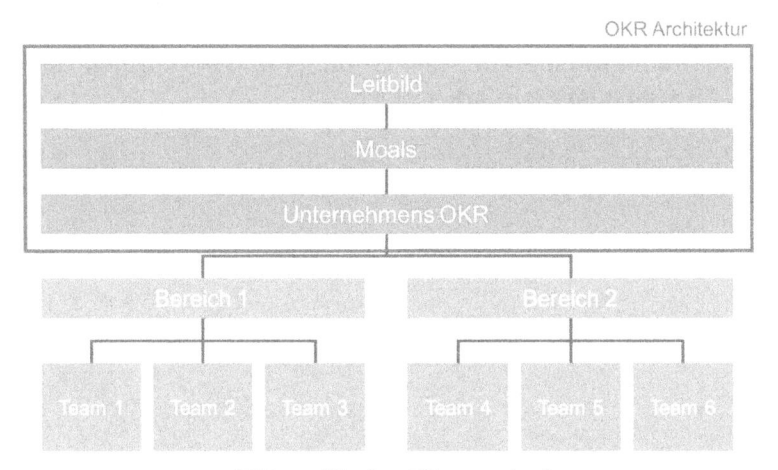

OKR nur für den Führungskreis

Es ist denkbar, dass OKR zunächst auf Führungsebene ausprobiert wird, um herauszufinden, ob sich dieses Framework für das Unternehmen eignet. Im nächsten Schritt erfolgt oft eine Ausweitung auf die nächste Stufe, nämlich der Bereichsebene. Hierfür kann es bereits sehr hilfreich sein, wenn es zuvor OKR für den Führungskreis gab, denn es verdeutlicht die "Executive Sponsorship" für das Thema OKR.

Werden die Unternehmens OKR für alle Mitarbeiter sichtbar gemacht, erhält man durchaus bereits erste positive Transparenzeffekte, jedoch fehlt natürlich der Beitrag der einzelnen Teams dazu. Das Alignment einzelner Teams, sowie eine

Kommunikationsverbesserung erhält man mit dieser Form von OKR noch nicht.

8.3 OKR für den Führungskreis und Abteilungen

Die nächste Stufe ausgehend von Unternehmens OKR im Führungskreis sind dazu passende Abteilungs- oder Bereichs OKR.

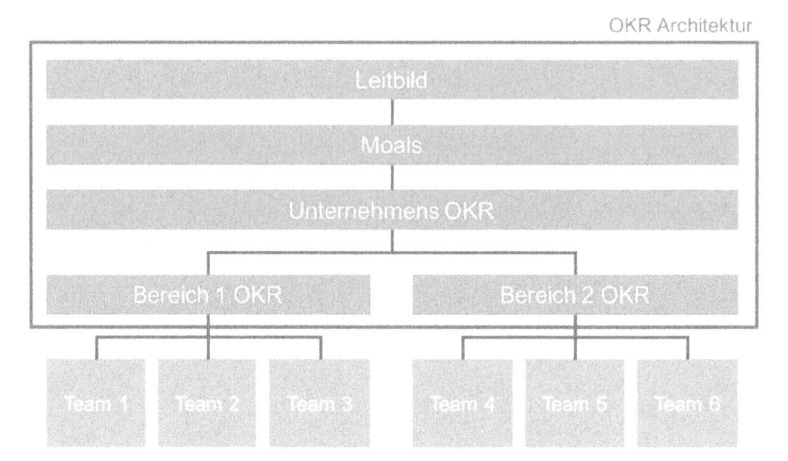

OKR Architektur

[Diagramm: Leitbild → Moals → Unternehmens OKR → Bereich 1 OKR, Bereich 2 OKR → Team 1, Team 2, Team 3, Team 4, Team 5, Team 6]

OKR für den Führungskreis und Abteilungen

Bereichs OKR leiten sich meist aus den sehr übergeordneten und wenig detaillierten Unternehmens OKR ab und unterteilen die strategischen Ziele thematisch, um sie für einzelne Bereiche greifbarer zu machen. Dies ist eine große Orientierungshilfe für Teams.

Das OKR Framework auf Bereiche auszuweiten, ist komplexer, als die zuvor skizzierten Architekturen. Hier fallen Abstimmungs Meetings an und es wird bereits herausfordernder, weitere detailliertere Objectives und Key Results auf Bereichs-Ebene zu definieren.

8.4 OKR im gesamten Unternehmen mit Abteilungsstruktur

Eine der herausforderndsten und ambitioniertesten, aber zugleich wirksamsten OKR Architekturen erhält man, indem man noch die einzelnen Teams mit dazu nimmt.

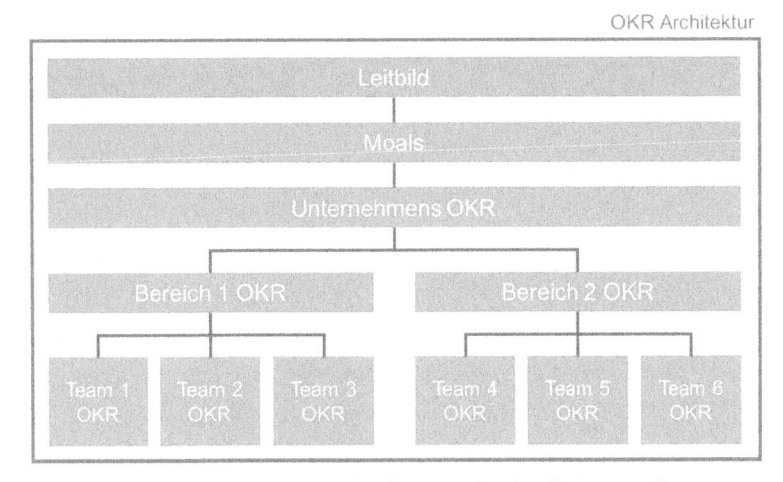

OKR im gesamten Unternehmen mit Abteilungsstruktur

Wenn Unternehmens Vision, Moals und OKR, sowie die Bereichs OKR stehen, können Team OKR entwickelt werden. Dies hat zur Folge, dass im Unternehmen die maximalen Vorteile von OKR ausgeschöpft werden: Es kann absolutes Alignment, Transparenz und Kommunikation stattfinden. Zudem kann das gesamte Unternehmen lernen, sich besser zu fokussieren und sich mehr in Richtung Agilität zu bewegen.

Eine OKR Architektur auf gesamter Unternehmensebene ist jedoch sehr komplex und erfordert, dass alle OKR Parameter (wie soll das OKR Framework genau ausgestaltet sein) klar und für alle verständlich geregelt werden. Zudem muss viel

Wert und Sensibilität auf die Entwicklung des OKR Prozesses über die Zyklen hinweg gelegt werden. Retrospektiven sind von sehr hoher Wichtigkeit genauso wie die fortdauernde Verbesserung und Anpassung des OKR Prozesses.

8.5 OKR nur für einzelne Teams

Ähnlich wie dem Pilotprojekt kann es auch vorkommen, dass es in einem Unternehmen ausschließlich Team OKR gibt, jedoch keine Unternehmens- oder Bereichs OKR.

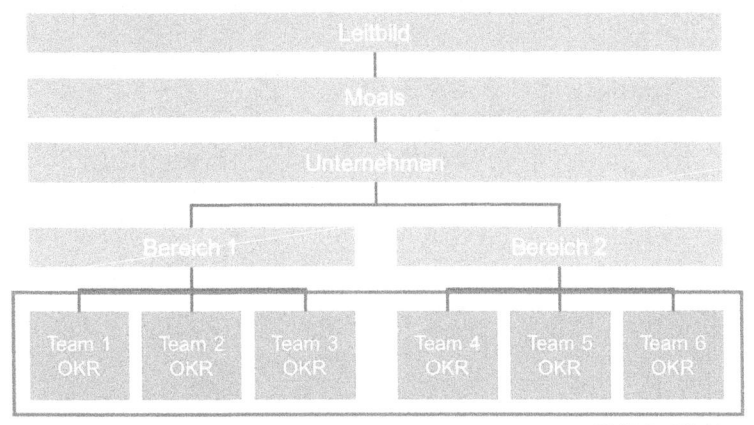

OKR Architektur

OKR nur für einzelne Teams

Dies ist manchmal in sehr agilen Organisationen vorzufinden. Wenn einzelne Teams bereits sehr autonom und selbstorganisiert arbeiten, genügt es unter Umständen, sich rein auf Team OKR zu fokussieren, da Zwischenebenen nicht benötigt werden.

In diesem Fall ist es jedoch sehr wichtig, dass dennoch klare Unternehmensziele formuliert werden (ob diese nun im Jahres- oder Monatshorizont gehalten werden, bleibt dem Unternehmen überlassen). Um zu verhindern, dass sich die Teams in unterschiedliche Richtungen bewegen, ist diese Orientierung von großer Bedeutung. Teams erhalten also die Möglichkeit, untereinander Alignment und Transparenz herzustellen. Diese Art von OKR Architektur setzt zudem voraus, dass die Teams bereits Erfahrung mit OKR sammeln konnten.

8.6 OKR in einer Matrixorganisation

Die Königsdisziplin der OKR Architekturen stellt eine Matrixorganisation dar.

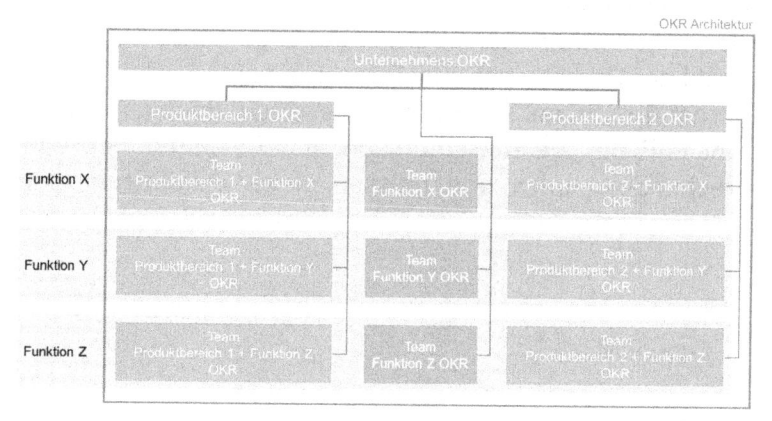

OKR in einer Matrixorganisation

In einer Matrixorganisation gibt es nicht nur einzelne Abteilungen/ Funktionen, sondern zusätzlich auch noch ein Gefüge, das sich nach Produkten oder Märkten aufteilt. Die "Hauptrichtung" geben also plötzlich nicht mehr die funktionalen Abteilungen an, sondern bestimmte Produktgruppen.

So kann beispielsweise eine Onlineplattform nach den einzelnen Märkten/ Zielgruppen aufgeteilt sein. Trotzdem gibt es zusätzlich oft noch funktionale Bereiche, wie z.B. Marketing, HR oder IT-Entwickler. Diese Funktionen sind oft keiner bestimmten Produktgruppe zugeordnet, sondern arbeiten nach Bedarf zu. In diesem Fall kann es sein, dass eine Funktion "Marketing" beispielsweise sowohl Teil des OKR Teams von Produktbereich 1, als auch des OKR Teams von Produktbereich 2 ist. Hinzu kommt manchmal auch noch, dass die Funktion "Marketing" auch eigene OKR besitzt, die nur Marketing, allerdings keine Produktbereiche, betreffen.

Diese Struktur ist vor allem für die Mitarbeiter der einzelnen Funktionen sehr herausfordernd und erfordert klare Kommunikation hinsichtlich dessen, welche Mitglieder welcher Funktionen in welchem OKR Team vorhanden sein sollten. Außerdem muss darauf geachtet werden, dass die Anzahl der Objectives & Key Results für eine Funktion nicht überhand nehmen. Auch Meetings, Abstimmungen, Alignment und der Zielerreichungsprozess gestalten sich entsprechend komplex und müssen clever durchdacht und kommuniziert werden.

9. Quellen

Appello, J. (2011) Management 3.0. Leading Agile Developers, Developing Agile Leaders, Boston: Pearson Education.

Beck, K. et al. (2001) Manifesto for Agile Software Development. Principles behind the Agile Manifesto [online], Verfügbar: http://www.agilemanifesto.org/principles.html.

Bischoff, B. und Haag, J. (2016) Studienarbeit: Eine empirische Untersuchung zum Thema "New Work. Die neue Arbeitswelt - Dargestellt am Beispiel eines Objectives & Key Results Ansatzes (OKR)".

Cameron, K. und Quinn, R. (2007) Competing Values Leadership: Creating Value in Organizations (New Horizons in Management), Edward Elgar Publishing Ltd.

Castro, F. (o.D.) The Beginner's Guide to OKR, Felipe Castro.

Davies, Rachel (2010) Agiles Coaching: Praxis-Handbuch für ScrumMaster, Teamleiter und Projektmanager in der agilen Software-Entwicklung, 1. Auflage, mitp-Verlag.

Deci, E. L. (1972) Intrinsic Motivation, Extrinsic Reinforcement, and Inequity, Journal of Personality and Social Psychology, vol. 22, No. 1.

Deci, E. L. et al. (2001) Extrinsic Rewards and Intrinsic Motivation in Education: Reconsidered Once Again, Review of Educational Research, Spring 2001, Vol. 71, No. 1.

Dweck, Carol S. (2007) Mindset, Ballantine Books; Auflage: Updated edition.

ERC (2014) 2014 ERC Performance Management Practices Survey [online], Verfügbar:

https://www.yourerc.com/assets/ce/Documents/ survey/-research-studies/ 14-Performance-Management-Practices-Survey.pdf

Erez, M. und Kanfer, F. H. (1983) The Role of Goal Acceptance in Goal Setting and Task Performance, Academy of Management Review, Ausgabe 8, Nr. 3.

Greenleaf, R. und Spears, L. (2002) Servant Leadership: A Journey into the Nature of Legitimate Power and Greatness, Paulist Press International, U.S.

Haag J. (2016) Masterarbeit: Leitfaden zur Einführung eines agilen Zielmanagement-Systems für Unternehmen, dargestellt am Beispiel des "Objectives and Key Results" (OKR) - Ansatzes: Eine empirische Untersuchung.

Jetter, W. (2004) Performance Management: Strategien umsetzen – Ziele realisieren – Mitarbeiter fördern, 2. Auflage, Stuttgart: Schäffer-Poeschel Verlag.

Klau, R. (2013) Startup Lab workshop: How Google sets goals: OKRs [online], Verfügbar: https://www.youtube.com/watch?v=mJB83EZtAjc.

Laufer, H. (2011) Zielvereinbarungen – kooperativ, aber konsequent. Ziele gemeinsam vereinbaren, beharrlich verfolgen, erfolgreich verwirklichen, Offenbach: Gabal Verlag.

Lin, H.-F. (2007) Effects of extrinsic and intrinsic motivation on employee knowledge sharing intentions, Journal of Information Science, 2007, 33.

Lobacher, P. und Jacob, C. (2017) Der OKR Guide (Objectives & Key Results) - Der offizielle Leitfaden für agile Mitarbeiterführung mit OKR, Verfügbar: http://okrguide.org.

McChesney, C., Covey, S. und Huling, J. (2015) 4 Disciplines of Execution. Getting Strategy Done, UK: Simon & Schuster Ltd.

Müller, R. und Brenner, D. (2006) Mitarbeiterbeurteilungen und Zielvereinbarungen. Von der Planung über die Durchführung bis zur Auswertung, Landsberg am Lech: mi-Fachverlag.

Niven, P. R. und Lamorte B. (2016) Objectives and Key Results: Driving Focus, Alignment, and Engagement with OKRs, John Wiley & Sons Verlag.

Pfläging, N. und Hermann, S. (2015) Komplexithoden: Clevere Wege zur (Wieder)Belebung von Unternehmen und Arbeit in Komplexität, Redline Verlag.

Preen, A.v., Blang, H.-G., Costa, G., Schmidt, W. (2013) ‚Stage 4: Performance Management' in Meifert, M. (Hrsg.) Strategic Human Resource Development. A Journey in Eight Stages, Heidelberg: Springer Verlag.

Schein, E. H. (1995) Unternehmenskultur: Ein Handbuch für Führungskräfte, Campus Verlag.

Sinek, S. (2011) Start with Why: How Great Leaders Inspire Everyone to Take Action, Portfolio Verlag.

Strauss, N. (2012) "Performance Management going agile", Deloitte und Successfactors, London: Success Connect 2012.

Taylor, Frederick W. (2014) The Principles of Scientific Management, CreateSpace Independent Publishing Platform

Wodke, C. (2016) Radical Focus: Achieving Your Most Important Goals with Objectives and Key Results, Boxes & Arrows Verlag.

10. Autoren

10.1 Patrick Lobacher

Patrick Lobacher

Patrick Lobacher (46) ist Consultant, Agile Coach und Geschäftsführer der +Pluswerk Consulting GmbH, sowie Vorstand der +Pluswerk AG. Seit über 15 Jahren beschäftigt er sich intensiv mit Agilität und führte diese z.B. in Form von Scrum, Kanban, OKR, Management 3.0, u.ä. zuerst in die von ihm gegründeten Digitalagenturen typofaktum und typovision ein und vor über 4 Jahren auch im Pluswerk.

Als Berater ist er im Bereich der Prozessberatung für Kunden jeglicher Größe und Branche tätig. Hierbei geht es vorwiegend um Veränderungsprozesse, agile Arbeits- und Management-Methoden, Change Management, Prozessoptimierung, Strategie-, Visions- und Kulturentwicklung.

Durch seine Tätigkeit als Agile Coach unterstützt er Unternehmen bei der Planung, Einführung und Durchführung von Agilität (sowohl methodisch wie auch kulturell) - stets ganzheitlich und systemisch.

Zudem ist er als Speaker auf internationalen Kongressen tätig und veröffentlicht regelmäßig Fachartikel, Fachbücher und Videotrainings zu den oben genannten Themen.

10.2 Christian Jacob

Christian Jacob

Christian Jacob (29) ist Consultant, Agile Coach und Geschäftsführer der +Pluswerk Consulting GmbH. Seit über fünf Jahren begleitet er Unternehmen jeglicher Größe auf dem Weg zur Agilität. Als einer der ersten Coaches brachte er das Thema OKR nach Europa mit zahlreichen Einführungen, Coachings und Fachartikeln.

Als Berater ist er spezialisiert auf das Thema Change Management. In dieser Tätigkeit hilft er zahlreichen Unternehmen bei der Einführung agiler Methoden wie OKR, Scrum, Design Thinking, etc. stets aus der ganzheitlichen Sichtweise im Sinne der Kulturentwicklung.

Außerdem ist er bekannt als Autor zahlreicher Bücher und Fachartikel, Videotrainings, Podcasts sowie als nationaler und internationaler Speaker zu agilen Themen.

10.3 Julia Haag

Julia Haag

Julia Haag (28) ist Consultant und Agile Coach bei der +Pluswerk Consulting GmbH. Während ihres Studiums zum Master of Science (Business Innovation and Management Consulting) forschte sie zu Themen der agilen Welt und Innovation. In Studienarbeiten und der Masterarbeit untersuchte sie spezifisch, wie OKR (Objektives & Key Results) in Unternehmen eingeführt werden könnte. Schon während des Studiums, sowie in den Tätigkeiten danach arbeitete sie nach agilen Arbeitsweisen, wie z.B. LEAN STARTUP oder KANBAN.

Bei der +Pluswerk Consulting GmbH unterstützt sie als Beraterin und Coach Unternehmen unterschiedlicher Branchen und Größen bei der Einführung agiler Rahmenwerke und Innovationsmethoden. Hierzu führt sie Workshops zu agilen Themen, wie OKR, Lean Startup, Design Thinking, Business Model Canvas, und andere durch.

Des Weiteren schreibt und veröffentlicht sie Fachartikel, Bücher, Blogartikel sowie Podcasts.

10.4 Magnus Schubert

Magnus Schubert

Magnus Schubert (48) ist Gründer und Vorstandsvorsitzender der +Pluswerk AG. Der Dipl. Betriebswirt studierte Jura und Betriebswirtschaft in Würzburg und Köln mit den Schwerpunkten Marketing und Personalwesen. Nach seiner Tätigkeit als Marketingleiter einer Unternehmensberatung gründete er 1997 seine erste Internet-Agentur und setzte schon früh auf agile Arbeitsmethodiken wie Kanban und Scrum. In der +Pluswerk AG führte er federführend für 130 Mitarbeiter OKR ein. Der dreifache Familienvater ist seit 2017 zudem Geschäftsführer der +Pluswerk Consulting GmbH und berät dort Unternehmen im agilen Kontext.

10.5 Ramona Fellermeier

Ramona Fellermeier

Ramona Fellermeier (26) ist Consultant und Agile Coach bei der +Pluswerk Consulting GmbH. Nach ihrer 18 monatigen Coaching-Ausbildung in den USA 2014 als Personal Leadership Coach für Millennials machte sie sich selbstständig. Zwischen 2014 und 2016 war sie hauptsächlich im Ausland tätig und organisierte Workshops, Trainings sowie Einzelcoachings (online und offline) in den USA, Kanada, Australien, Jamaika, England und zahlreichen weiteren Ländern. Als Gründer der Millennial Community und Partner der Wisdom Tree Academy verfügt sie zudem über wertvolle Erfahrung in den Bereichen Entrepreneurship, eLearning sowie Teamführung.

Als Agile Coach und Berater der +Pluswerk Consulting GmbH unterstützt sie Unternehmen und Einzelpersonen darin, Veränderungen erfolgreich umzusetzen und die Herausforderungen der digitalen Transformation zu meistern. Zudem organisiert sie regelmäßig Workshops & Events in den Bereichen Persönlichkeitsentwicklung, VR Coaching sowie zu div. Innovationsthemen (Design Thinking, Business Model Canvas, Lean Startup, Google Sprint) und OKR.

11. +Pluswerk Consulting GmbH

Leidenschaftliche Unternehmensberatung für Agilität und Innovation

+Pluswerk Consulting ist eine Unternehmensberatung mit Spezialisierung auf die Digitale Transformation. Wir unterstützen, befähigen und begleiten Unternehmer, Manager und Teams auf dem Weg in das digitale Zeitalter und die Agilität.

Komplexität, Globalisierung, technischer Fortschritt, hohe Dynamik, Innovationsdruck, Kulturveränderung, starker Konkurrenzdruck – die Digitalisierung erfasst alle Branchen und Unternehmens-Größen in zahlreichen Aspekten und hinterlässt oftmals Unsicherheit, welche Schritte die richtigen sind, um rechtzeitig den Richtungswechsel einzuleiten. Denn auch die Zeit ist ein kritischer Faktor geworden. Die Agilität hält Einzug in alle Bereiche einer Organisation und dementsprechend müssen sich Mindset, Tools und Methoden entsprechend anpassen.

Unser Ansatz

Wir glauben, dass eine Organisation und die Menschen darin bereits alles besitzen, was für den Weg in die Digitale Transformation notwendig ist. Als Umsetzungsberater und Coaches fördern, fordern und trainieren wir dieses Wissen und diese Fähigkeiten. Dabei arbeiten wir mit dem Top-Level-Management genauso zusammen, wie mit Teams oder den einzelnen Mitarbeiter. Denn die Digitalisierung ist nur mit einem ausgewogenen Verhältnis zwischen Top-Down und Bottom-Up zu meistern und muss jeden Mitarbeiter erreichen.

„Unternehmen brauchen in der digitalen Transformation vor allem einen Partner auf Augenhöhe, der sie zuverlässig und behutsam durch den Wandel führt. Hierbei sind weniger die rein technischen Aspekte die Herausforderung, sondern viel mehr die Dynamiken, Methoden, Prozesse und weichen Faktoren".

Genau diesen Partner finden Unternehmen in der +Pluswerk Consulting GmbH, die Anfang 2017 aus der bundesweit tätigen Fullservice Digitalagentur +Pluswerk AG ausgegründet wurde.

Vom Start begleitet das Beraterteam schon jetzt Unternehmen wie Trivago, mobile.de, Stroer oder Edeka. In die drei Kompetenzfelder Innovations, People und Organizations fließt das Know-How aus zahlreichen Projekten der vergangenen Jahre.

Besonderer Augenmerk liegt auf „Objectives & Key Results" (kurz: OKR), einem Framework für Mitarbeiterführung und Performance Management. Hier ist die +Pluswerk Consulting GmbH bereits jetzt Vorreiter und Marktführer.

Mit dem „Agile Maturity Level" (kurz: (AML) hat sie zudem ein Benchmark-Instrument geschaffen, das Unternehmen eine zuverlässige Standortbestimmung für den eigenen Reifegrad innerhalb der agilen Welt ermöglicht.

Agiles Selbstbild

Wir stützen uns in unserer Arbeit auf das Agile Manifest und auf das Lean-Thinking, sowie die agilen & lean Methoden und Frameworks, die sich darauf beziehen und die den agilen Werten und Prinzipien entsprechen (z.B. OKR, 4DX, WOL, Scrum, Kanban, Design Thinking, Lean Startup,

Lean Canvas, Frameworks für agile Skalierung wie SAFe® u.v.a.m.).

Darüber hinaus nehmen wir auch Anleihen bei Methoden, neuen Organisationsformen und Führungsmodellen, die Agilität in Unternehmen fördern und unterstützen (z.B. Management 3.0, Soziokratie, Soziokratie 3.0, Holacracy®, Formate für die Arbeit mit Großgruppen wie Open Space, World Café, Future Conference u.a.; Solution Focus; Dynamic Facilitation etc.).

Manifest der agilen Organisationsentwicklung

Das "Manifest der agilen Organisationsentwicklung" dient dazu, unsere Sichtweise in Hinblick auf den agilen Paradigmenwechsel darzulegen.

Durch unsere Tätigkeit haben wir diese Werte zu schätzen gelernt:

- Individuen und Interaktionen *mehr als* Prozesse und Werkzeuge
- Konkrete Ergebnisse *mehr als* umfangreiche Analysen
- Zusammenarbeit mit dem Kunden *mehr als* Vertragsverhandlung
- Reagieren auf Veränderung *mehr als* das Befolgen eines Plans

Das heißt, obwohl wir die Werte auf der rechten Seite wichtig finden, schätzen wir die Werte auf der linken Seite höher ein.

Kontakt

Die +Pluswerk Consulting GmbH ist auf verschiedenen Wegen online zu finden:

- http://pluswerk.consulting

- http://www.okr-beratung.de
- info@pluswerk.consulting

Telefonisch erreichen Sie uns unter: +49 89 244 179 66 - wir freuen uns auf Ihren Anruf!

Made in the USA
Columbia, SC
01 April 2018